昭和史

——爆撃機と空襲をめぐる日本の近現代

若林 宣
Wakabayashi Toru

1730

B-29の昭和史——爆撃機と空襲をめぐる日本の近現代【目次】

はじめに

先の戦争、すなわち一般に「太平洋戦争」といわれ、帝国日本の侵略的イデオロギーをむき出しとした呼称では「大東亜戦争」、そして近年用いられる、中国戦線もはじめとするアジア戦域も視野に入れた名称としては「アジア太平洋戦争」と呼ばれる戦争が終わって、もうすぐ七八年が経とうとしている。一〇〇年には、あと四半世紀もない。その戦争について、それだけの時を経た私たちの社会は、いまどのような記憶を保っているのだろうか。

おそらく広く共有されているのは、戦争末期の数カ月間におこなわれた日本本土空襲についてのものだろう。とりわけその中でも、マリアナ諸島を基地としたボーイングB－29スーパーフォートレスによる一連の攻撃は、その回数の多さと罹災地域が広く分布することもあってか、その爆撃機の名前と共に、根強い印象を残しているように思われる。

本書は、そのB－29について一つの体験としてとらえて、それが日本人にとってどういうものであったかという面から書くものである。

第Ⅰ部では、アメリカにおける戦略爆撃思想の成り立ちと、B-29の登場までを扱う。戦略爆撃思想については、よく取り上げられるイタリア軍人のドゥーエではなく、アメリカ空軍の父ともいわれるウィリアム・ミッチェルについて述べた。間接的な影響よりも、直接的な系譜の方が大切ではないかと思うからである。そこからは、ミッチェル以前にも無差別爆撃を是とする思想のあったことがうかがえるはずである。

B-29の登場にいたる話は、飛行機ファンにとってはあまり目新しいものではないかもしれない。しかし一般書としてはあまり目にしないものでもあるので、よい機会と思ってこの際に書こうと思う。

第Ⅱ部は、本土空襲を受ける前の日本が、飛行機や空襲とどのように向き合ってきたかという話である。

戦前期の飛行機のイメージとその形成については、歌謡曲というポップカルチャーを通して観察した。それはモダニズムの尖端的イメージから、軍用一色に塗り替えられるまでの過程を追っている。それは「B-29」を体験する前の飛行機にまつわるイメージである。それは「B-29」という体験を経た後の今日とコントラストをなすであろう。

また日本人が「空襲」そのものをどう見ていたかについては章を二つ割いた。一つは私たちの社会が本土空襲を体験する前の空襲観について、科学小説作家の海野十三《うんのじゅうざ》を俎上にのせるかたちでとりあげ、もう一つは日中戦争に際しての空襲観について触れた。前者では関東大震災の経験を下敷きとした空襲観がかつてあったことを掘り起こすと同時に、彼を空襲被害の予言者とする見方に修正を迫り、海野の戦争責任をあえて免責しようとする立場に反省を求めるものである。後者では、一方的に爆撃をしていた頃に日本が有していた視点を、当時の人びとの言動を構成することで再現を試みる。それらは、「B－29」という体験を経る前の、私たちの社会が有していた考え方や見方である。

それらのことは、直接にはB－29には関係なさそうだが、現代の空襲観とコントラストをなすであろう、また私たちの社会が極東で空の帝国として振舞っていた時期のものの見方を振り返ることによって、B－29による衝撃を受けた後の変化の大きさを感じ取ってもらえればと思う。

第Ⅲ部は、本書の骨に相当する箇所である。本土空襲が始まる頃の情勢判断や報道からは、飛来前のB－29をわが国がどのように見ていたかがうかがえるはずである。つづいて、偵察で東京上空に飛来したB－29に多くの人が美しさを感じたことについて、日記を基に構成を試みる。そこには、空襲を体験する直前における感情の動きが表されている。劫火に曝される直前の心境が、そこにあるはずである。

また「体当り」称揚のムーブメントについては、これまでに書かれたことがあまりなかったはずである。B-29への体当り攻撃が民間人も巻き込むかたちで一種のブームになっていたことは、体制の危機が生じたときに社会がどんな方向に行ってしまいかねないかということを考えるにあたって、示唆的な出来事であるように思う。

また、B-29にまつわるものとしては、空襲体験とは異なった話として、敗戦前後の捕虜の扱いや、それに起因する戦争犯罪について記した。これらは、B-29にまつわる話として、日本の責任にもつながってくるものである。

第Ⅳ部は、続いて、敗戦からしばらくの間に書かれたB-29にまつわるイメージを、人物ごとに並べてみる。そこからは、戦前の飛行機や空襲観とは異なるB-29から受けた衝撃が伝わってくるとともに、今日にもつながる戦争観の問題として、被害者の視点が強調されるという問題も見えてくるのではないか。

それから、野坂昭如《のさかあきゆき》にとってB-29がどういう存在であったかという話もしよう。野坂の原作になるアニメーションは、まさに現代の私たちが持つB-29のイメージに他ならないと思われるものであるが、野坂にとってそのB-29は、現代の戦争観や空襲観における責任の欠如を浮かび上がらせるものでもあった。そこからは、同じ小説家でも、先に書いた海野十三ときわめて対照的な姿勢が見て取れるはずである。

そのうえで、終章では、飛行機などを評価する際にしばしば使われる「機能美」という言葉について釘をさした。飛行機に限らず、機械から受けた「美」という感性について、このような言葉を用いれば説明した気になるというのは、乗り物ファンの悪い癖だと思うからである。もしB-29というものが、そのような三文字で表されてしまうような生やさしいものであるならば、これまでにB-29があれこれと書かれる必要はなかったであろう。そして空襲被害にまつわる負い目を、野坂昭如が背負い込む必要もまたなかったはずだと思うのである。

I

B-29の誕生

第一章 「戦略爆撃」という思想

†飛行機の軍事利用がはじまる

空から敵を襲撃するという戦闘そのものは、気球の実用化以前から考えられていたものである。したがって爆発物や焼夷兵器を空から落とす戦いも動力飛行機の実現より早く、一八四八年には、ヴェネツィアに対して、オーストリア軍が攻城戦の一環として気球からの爆撃をおこなっている。当時のイタリアはいくつもの国が乱立する状態にあり、その中でオーストリアの支配下にあったヴェネツィアは、宰相メッテルニヒの失脚を機に独立を図ったのであった(のち、この動きは鎮圧される)。

ライト兄弟による動力飛行の成功は一九〇三年であるが、同じ年に、それまで動力初飛行をもっとも有力視されていたラングレーの失敗が注目されたこともあって、あまりニュースにはならなかった。しかし一九〇七年には、兄弟から買い入れた飛行機を使った試験がアメリカ陸軍において開始された。

実戦では、トルコの領有下にあった北アフリカのトリポリおよびキレイナカをめぐって戦われたイタリア・トルコ戦争（一九一一〜一二）にイタリア軍が動力飛行機を投入し、トルコ軍に対して手投げ弾を投下している。また一九一二年のバルカン戦争では、ブルガリアが爆弾を開発し、やはり爆撃をおこなっている。フランスとスペインも、北アフリカにおける植民地戦争に飛行機を投入した。

サラエボ事件をきっかけとする、一九一四年七月二八日のオーストリア・ハンガリー帝国によるセルビアへの宣戦布告は、ひと月も経たないうちにドイツ、ロシア、フランス、イギリスを巻き込んで、ヨーロッパを主戦場とする第一次世界大戦へと発展した。この四年にわたる戦争が、飛行機とその用法の発展をうながしたことは、よく知られているとおりである。

だが大戦初期における飛行機の用いられ方について、しばしばいわれるような、「初めのころは偵察に用いられて、敵味方の飛行機がすれ違うときはたがいにハンカチを振り交わした」とする牧歌的イメージで塗りつぶしてしまうのは、危険である。というのも、いま見てきたように、飛行機を戦争の手段として用い、地上を攻撃するという手法は、すでに行われていたからである。この戦争でも、早い段階で、地上を攻撃するために飛行機が用いられている。ドイツの対仏宣戦布告（八月三日）からわずか一〇日ほど後の八月一四日に、当時ドイツ領であったロレーヌのメス－フレスカティに設けられていた飛行船基地への爆撃が、フランス空軍によって実施された。ちなみに開戦の時点で、フランス空軍はすでに一三八機もの飛行機を保有していたといわれる。また、八月四日に対独宣戦布告をおこなったイギリスも、陸軍航空隊をヨーロッパ戦線に派遣した。

†ヒュー・トレンチャードの台頭

ヨーロッパ大陸に派遣されたイギリス陸軍航空隊は、当初は偵察を中心とする行動をとっていた。そのことに対し英本国では、敵飛行場を積極的に攻撃することで飛行機を地上で破壊し、空中における優位（制空権）を確保すべきとする主張を唱える人物が現れた。

その名を、ヒュー・トレンチャードという。

トレンチャードはボーア戦争の従軍経験を持つ軍人であり、一九一二年、四〇歳となる直前に飛行訓練を受けて、イギリス陸軍航空隊に配属されていた。彼は演習を通じて、飛行機の速度と、その視界の広さが、今後の戦争できわめて重要になることを理解していた。

さて、第一次世界大戦は、当初はパリに迫る勢いを見せていたドイツ軍の攻勢が、開戦からおよそひと月後には頓挫する。ドイツ軍と英仏連合軍が、互いに相手の背側を衝こうとする動きを繰り返した結果、戦線はスイス国境から延々ベルギー西部国境付近で北海にまで達し、それまでには考えられなかった大規模な軍隊が、鉄条網を張り巡らせ塹壕に籠って対峙するかたちとなった。どちらかが攻勢に出て塹壕を飛び出せば、攻撃側の歩兵は防御側の機関銃や速射野砲の火網にたちまちとらえられた。敵の陣地を突破することは極めて難しく、一会戦で数万から十数万に及ぶ死傷者を出すことも珍しくなかった。

イギリス陸軍航空隊が主として偵察任務に明け暮れる中、本国で勤務していたトレンチャードは、イギリス海軍機がドイツ本国への爆撃を実施したという報に接して感嘆した。爆撃そのものは少数機によるきわめて小規模なもので、ドイツ側の被害もほとんど無きに等しいものではあったが、このときトレンチャードが注目したのは、戦線を飛び越えて敵の後方を攻撃するという方法であった。

一九一五年に第一航空団司令官としてフランスに赴任すると、トレンチャードはイギリス海外派遣軍第一軍団司令官のダグラス・ヘイグに面会を申し入れた。その席上でトレンチャードは、砲兵隊の攻撃に航空機から指示を与え得ること、そして航空隊自体が直接ドイツ軍と戦う必要があることを力説した。このときヘイグはトレンチャードの意を容れ、積極的に航空機を使ってみる気になった。三月におこなわれたヌーブ・シャペルの会戦では、トレンチャードの航空隊は敵に関して詳細な情報を砲兵隊に提供し、またドイツ軍後方の駅や集積地に対する爆撃を実施した。

しかしヘイグ一人が考え方を変えても、現場指揮官はそうではなく、イギリス陸軍航空隊がもたらした情報はあまり活用されなかった。ある砲兵部隊の指揮官は、飛行機をおもちゃ扱いする有様であった。ヘイグは、航空機の活用と、それについての命令を遵守するよう、麾下の将校に申し渡すことになった。その後、空陸の共同は軌道に乗ることになる。

一九一五年の暮れにダグラス・ヘイグは派遣軍司令官に、トレンチャードはイギリス派遣軍航空隊の司令官に任命された。

第一次世界大戦は、人びとが、戦闘機同士の空中戦を空の一騎打ちのように見なしはじめる戦いでもあった。今もなお「撃墜王」が、何かしら人びとの気持を惹きつける面を持つことは否定できない。

だがトレンチャードにとって空の戦いとは、単に戦闘機が空中戦で敵を打ち負かすことを意味するのではなかった。空中からの偵察、そして味方砲兵の弾着を観測しそれを適切に導くこと、さらには敵の地上部隊を飛行機で攻撃し、あるいは前線を飛び越えて敵の補給路や集結地を攻撃することが必要であり、それらによって敵の反撃を阻止することこそが、彼にとっては空を制することだったのである。

†戦略爆撃思想の芽生え

一九一七年五月、二つの出来事が起きた。一つは、トレンチャードの前に一人のアメリカ陸軍少佐が現れたこと。もう一つは、ドイツ空軍に配備された新型の双発爆撃機が、ロンドンを空襲したことである。前者の出来事は、その後のアメリカの航空戦略に大きく影響を及ぼすことになった。そして後者は、戦略爆撃のはしりともいえる出来事だったが、このことが、より徹底した戦略爆撃思想にイギリスを駆り立てることにつながった。

さて、トレンチャードの前に現れたアメリカ人少佐の名は、ウィリアム・ミッチェル。彼は、大戦への参戦準備を進めるため、アメリカから派遣された連絡将校であった。一八七九年に資産家の家に生まれた彼は、一八歳の時に大学を中退して米西戦争に参加、通信科の将校として昇進の道を歩んできた。一九一三年には参謀本部の一員となり、ワシントン勤務が始まった。このとき、通信科将校の参謀本部員はミッチェルだけであった。そのため、彼は陸軍の航空導入に関わることになる。というのは、当時のアメリカ陸軍において飛行機は、通信科が担当していたからである。おそらくその理由は、飛行機は通信の用に適すると考えられていたことや、また電信など新しい技術を通信科が扱っていた事情による。

ミッチェルは、新設された飛行学校で、自分より七歳若いヘンリー・アーノルド少尉から操縦など飛行機に関する専門知識を学んだ。このときに築かれたヘンリー・アーノルドとの交友関係は、以後ミッチェルが他界するまで続くことになる。

さて、トレンチャードと出会ったミッチェルは、すぐさま前線を視察したい旨を申し入れた。

気難しく癇癪持ちで知られるトレンチャードであったが、不思議なことにこの無遠慮な青年士官を気に入り、西部戦線における航空戦の状況と、それに対する自らの考え方を教え込んだ。その中には、いわゆる戦略的目的を追求することの重要性——前線での勝利のみならず、飛行機による攻撃で敵の継戦意欲そのものを挫くことの必要も含まれていた。このことは、アメリカ陸軍航空隊の未来に、大きな影響を与えることになる。

しかしトレンチャードは、間もなく本国へと呼び戻されることになる。というのも、ドイツ軍に新しく配備されたゴータG・Ⅳ重爆撃機が、イギリス本土に対する攻撃を開始したため、それに対処することが求められたからである。

五月に英本土爆撃を開始したゴータ爆撃機は、六月一三日にはロンドン上空に姿を現し、学童四八人を含む五九〇人以上の死傷者を出した。ドイツ側の狙いは、イギリス航空戦力を本土防空に振り向けさせることによって、戦線への圧迫を軽くしようとしたものであった。だがイギリスは、防空に任じる戦闘機隊を配置しつつも、前線の航空戦力を引き揚げる道は採らなかった。逆に、ドイツがした以上に、一般市民を爆撃し、都市と産業を破壊する道を選んだ。それはイギリスにおいて、陸軍や海軍と同格の「空軍」を世界でいち早く設立することになった事情のひとつである。イギリス空軍がそのドクトリン（基本原則）に戦略爆撃を据えることは、このとき決まったといってよいだろう。

その後トレンチャードは、新設された空軍の参謀長を短期間だけ勤めた後、長距離爆撃機の部隊を指揮することになった。いうまでもなく、前線のドイツ軍に対してではなく、ドイツの工場や都市を爆撃する——戦略爆撃を実行するためである。ドイツ戦闘機の反撃などによる損害も大きく、損耗率は時に五〇パーセントにも達したが、トレンチャードの意志は固く、休戦直前の一九一八年一一月一〇日まで攻撃を繰り返した。

†ミッチェルと第一次世界大戦

トレンチャードとの出会いを果たしたウィリアム・ミッチェルは、前線にしばらく留まり、フランス軍の偵察機に同乗して戦場の空を飛んだ。ミッチェルはこのとき、敵味方が三年も動けないでいる膠着状態の中でも、飛行機を使えば即座に戦線を越え、敵地に侵入できることを、自らの体をもって経験したのである。以来、彼は攻撃用兵器として飛行機を用いることを推し進めようとした。

一九一七年六月、ジョン・パーシング少将がアメリカ軍のヨーロッパ派遣軍総司令官としてやってくると、ミッチェルはアメリカ軍の航空部隊を、対地協力を任務とする部隊と、敵後方を攻撃する部隊との二つに分かつよう進言した。しかし参戦当初のアメリカ陸軍航空隊の装備は質量ともに貧弱なものであり、とてもミッチェルが考えるような積極的な攻撃には使えそうになかった。また、後に航空部隊の増加が図られても、パーシング司令官自身に、飛行機を地上支援以外の用途に用いるつもりがなく、ミッチェルが思い描くような、ドイツ軍後方深くに侵入して爆撃をおこなう機会はなかなか訪れなかった。

しかしミッチェルはそれに抗うことなく、司令部の要求に従い、地上軍に対する支援を積極的におこなった。戦況はまだ予断を許さず、対地協力から航空兵力を引き上げるわけにはいかなかった。しかしその一方で、彼はドイツに対する戦略爆撃の計画を策定していたのである。

一九一八年三月二一日、ドイツ軍はイギリス軍が受け持っている線区で大攻勢に出た。短時間で熾烈な砲撃を加え、陣地の占領よりもむしろ強固な陣地を避けるようにして、一週間で五〇キロも進撃した。四月にはフランス軍が受け持つ線区を目標として攻撃を開始し、七月半ばにはマルヌ川を渡った。しかし予備兵力が尽き、食料や軍需品も不足していたドイツ軍の攻勢は、ここで限界に達した。八月に入ると、体勢を立て直したイギリス軍とフランス軍、そして新たに加わったアメリカ軍は反撃に移り、ドイツ軍を押し返していった。

アメリカ軍が主力となった攻撃は、九月におこなわれた。サン・ミッシェルに形成されていたドイツ軍前線の突出部に対するこの攻撃で、ミッチェルは連合軍の航空隊司令官として、一四〇〇機を越える航空機で地上軍を支援した。その任務には、偵察や砲撃の支援のみならず、ドイツ軍の来援阻止や補給線破壊も含まれていた。ミッチェルは、全航空隊を一元指揮のもとにおいき、大部隊での運用を実施した。

戦争は、少なくとも一九一九年まで続くだろうと考えられていた。その場合、もし地上軍に対する航空支援の必要がなくなれば、ドイツ本国に対する戦略爆撃作戦をおこなうつもりだったとミッチェルは後に語ったという。それは、毒ガス攻撃とともに焼夷弾を用い、その苦痛によって降伏を強いるというものだった。

だとすれば、ウィリアム・ミッチェルはこのときすでに、軍民を問わぬ文字どおりの無差別爆撃を構想していたことになる。

ドイツ軍指導部は、同盟国の脱落や急速な士気の崩壊、兵力不足などにより、もはや軍事力で戦争を終わらせることが不可能であると考えた。一九一八年一一月一一日、ドイツ政府と連合国の間で休戦協定が成立し、四年以上にわたる戦闘はようやく終止符が打たれた。ミッチェルが考えたとされる戦略爆撃作戦は、実行されることなく終わった。

†飛行機が戦艦を沈める

第一次世界大戦後、アメリカに戻ったミッチェルは、航空兵力のさらなる強化やその活用方法に関して様々なプランを考案する。また彼は、通商によってもたらされる利益と、それを反映した国力について考慮することも重要であるという見方から、民間航空の発展も促す行動にも出た。たとえば一九一九年におこなわれた大陸横断飛行実験は陸軍の重爆撃機によっておこなわれたものであるが、これは長距離交通機関としての飛行機の可能性を示し、また同時に、その事前準備としておこなわれた飛行場の設営や、補給する燃料や補修部品の手配を、どれだけの時間でなしうるかということを確かめることも出来たのである。

ミッチェルは、これからの国防のためには、独立した空軍——これまでの陸軍および海軍に従属しない、むしろそれらと同格に扱われる航空兵力が必要であると考えていた。彼の考えた独立空軍は、国内の治安維持から沿岸防衛、そして攻勢的に戦略爆撃を大規模になし得るものであった。海上兵力の主役と考えられていた戦艦も航空機の前では脆弱で、その建造や維持にかかる費用は航空兵力の充実に使われるべきとした。

こうしたミッチェルの考えに、支持者や同調者がなかったわけではない。しかし陸軍は、航空兵力を陸戦の補助的立場におかれるものと捉える傾向にあった。また海軍としても、そのような考え方は自分たちの領分を侵すものであると同時に、彼の唱える戦艦無用論は、海軍航空の先駆者を除いて受け入れがたいものであった。

ミッチェルの主張は議会でも問題となり、検証のため一九二一年に爆撃実験が行われることになった。このとき標的となったのは、第一次世界大戦後に賠償として引き渡されていたドイツ海軍の潜水艦「U-117」、駆逐艦「G-102」、軽巡洋艦「フランクフルト」、そして戦艦「オストフリースラント」である。

各国の武官も含めて多数の参観者が見守る中、六月二一日に全長六三メートルの潜水艦は、海軍の水上機と陸軍の爆撃機によって二〇分もたたないうちに沈められた。七月一三日の実験では、陸軍によって全長九六メートルの駆逐艦も沈められてしまう。一四五メートル、五五〇〇トンの軽巡洋艦も、七月一八日の実験で爆撃により沈められた。しかし、多くの海軍士官は、さすがに戦艦は、飛行機では沈められないと思っていた。しかも「オストフリースラント」は一九一一年に就役した弩級戦艦であり、第一次世界大戦に参加した各国の戦艦と比べても、決して見劣りのしない防御力を持っている。

七月二〇日、荒天の中でまず海軍機が、続いて陸軍機が「オストフリースラント」を爆撃した。このときに落とされた爆弾は、同艦の上部構造物を破壊したにとどまった。だがミッチェルの目論見は、翌日にこそあった。

悪天候により中止された前日の実験に引き続き、ミッチェルの率いる陸軍の重爆撃機は、午前八時半ごろにまず二発の一〇〇〇ポンド（約四五四キログラム）爆弾を命中させ、正午過ぎに六発の二〇〇〇ポンド（約九〇七キログラム）爆弾を至近に投下した。この爆撃で「オストフリースラント」は大きく揺さぶられ、破口が生じて転覆、沈没した。その直後に、七発目の二〇〇〇ポンド爆弾が投下された。

このとき使われた二〇〇〇ポンド爆弾は、実験のために急いで製造されたものである。また、この大型爆弾を命中させず至近に投下したのは、爆発によって生じる巨大な水圧によって装甲の施されていない艦底を引き裂けば、装甲板や水密区画を備えた大型軍艦でも沈めることができるのではないかと考えたからであった。

飛行機が数発の爆弾で戦艦を沈めたという報は、たちまちのうちに各国へと伝えられた。日本海軍も例外ではない。このとき認識された飛行機の優位性は、後の第二次世界大戦に大きな影響を及ぼした。

†ミッチェルが遺した戦略爆撃思想

この実験は、単に飛行機で軍艦を沈めることができることだけを示したものではなかった。ミッチェルは、飛行機の威力をわかりやすいかたちで見せつけることによって、アメリカ国内における軍事的政策の転換を図り、ひいては空軍の創設に結びつけようとしたのである。

しかしアメリカは、なおも戦艦を国防の中枢として扱い続けた。海軍が航空母艦と海上航空兵力の整備に本格的に乗り出すまでには、まだ数年の時間を要する。また陸軍は、航空兵力を主として地上作戦の支援に用いる考えを改めなかった。

自分の考えをなかなか受け入れようとしない軍や政府に対して、ミッチェルの姿勢は次第に攻撃的となり、軍にいながら、軍の航空に対する無理解を公然と批判するようになる。そして一九二五年、彼はとうとう規律違反によって軍法会議にかけられて、軍を去ることになった。

なお、この年にミッチェルは、その著書で次のように書いている。


永続的な勝利を獲得するためには、敵国の国力を破壊しなければならない。——その能力とは、工場群、交通手段、食糧生産、農場、燃料、油脂、人々が住みそして日々の日常生活をおくっている都市である。国力を破壊して軍隊への補給ができないような状態にするだけではなく、後になって戦闘を再開しようとする国民の願望を挫かなければならない。

(『空軍による防衛、近代エア・パワーの可能性と発展——経済と軍事』。なお訳は、戦略研究学会、源田孝編著『戦略論大系⑪ ミッチェル』によった)


そして彼は、敵国の心臓部で戦う空軍は短期間でそれをなしうるがゆえに、制空権を確保しさえすれば、陸軍が数カ月から数年を戦って一〇〇万人以上の生命を失うような事態を避けることができると説いた。

ミッチェルが軍を退いたのちも、陸軍航空隊には彼の薫陶を受けた人びとが残っていた。そのうちの一人が、かつてミッチェルに操縦を教えたヘンリー・アーノルドである。彼はミッチェルのようには性急な行動には出ることなく、少しずつ歩みを進めていった。それができたのは、ひとつには歴代参謀総長らと良好な関係があったからともいわれる。アーノルドは後に大将となり、第二次世界大戦ではアメリカ陸軍航空軍（一九四一年に設置、四二年に陸軍航空隊を統合する）のトップとして活動することになる。

その後アメリカ陸軍航空隊は、一九三〇年代になると、それまでの地上軍支援を目的とした航空隊から、戦略爆撃を重視する航空隊へと変化しはじめる。それまで考えられていたような、前線で戦う地上部隊を空から支援する戦い方だけではなく、戦線はるか後方に位置する生産施設などに、高射砲の届かない高度から爆弾を投下して大きなダメージを与え、敵国の継戦能力そのものを奪うという方法を策定するようになったのである。

これはまさに、トレンチャードやミッチェルが考えていた戦い方である。しかしそれでも、無差別に爆撃して恐怖を振りまくというやり方ではなく、民間人の被害を極力抑えるよう、目標を工場などに限って爆撃するという手立てが考えられた。このような、目標が存在する地域をまるごと爆撃するのではなく、目標そのものを狙って爆撃することを精密爆撃という。軍事思想として、このように目標を制限しようとした背景には、アメリカにおける反戦思想や人道主義の高まりがあったといわれる。

†精密爆撃と無差別爆撃のせめぎあい

三〇年代から第二次世界大戦のある時期までアメリカ陸軍航空隊が精密爆撃にこだわったことは、間違いのない事実である。とはいうものの、ミッチェルが記したような無差別爆撃という手段が、ここで葬られたわけでない。よく知られているように、スペイン内戦におけるコンドル軍団（その内実はドイツ空軍であった）のゲルニカ爆撃や、日中戦争での日本軍による度重なる重慶爆撃、そしてさらには第二次世界大戦で、連合国と枢軸国の双方によって数多くの無差別爆撃が実行されている。

本章冒頭でふれたイタリア・トルコ戦争以来、強国はその航空兵力を植民地戦争に投入し、圧倒的な武力差をもって反乱勢力や住民に対する攻撃をおこなってきた。そこには、非西欧世界との軍事技術の格差の拡大のみならず、ヨーロッパを中心とした「文明」対「野蛮」という人種主義的価値観を背景に、攻撃する側の人命を「節約」できる方法も求められていたとされる（荒井信一『空爆の歴史』）。第一次世界大戦でイギリス空軍の創設にかかわったトレンチャードも、植民地・委任統治領の反乱や非協力的姿勢に対する攻撃手段として空軍の投入を主張し、政府により受け入れられている。一九三五年一〇月三日にイタリアが開始したエチオピア戦争では、戦争中も、また翌年五月五日の首都アジスアベバ占領後も、無差別爆撃や毒ガス攻撃が実施された。国際連盟はイタリアの武力による侵略を不当だとはしたが、住民に対する攻撃はとくに非難しなかったのである。

そして第二次世界大戦でイギリス空軍は、ドイツに対する空襲で、容赦のない地域爆撃、すなわち無差別爆撃を早い段階から実施した。欧州戦線に参加したアメリカ陸軍航空隊に対しても同様の攻撃方法を採るよう求めた。昼間の精密爆撃に固執していたアメリカだったが、一九四三年七月二四日から一週間にわたって実施されたハンブルク空襲では、イギリス空軍による夜間の市街地を標的とした無差別爆撃の「威力」をまざまざと見せつけられることになった。その後、アメリカ軍の対独爆撃も無差別化の傾向を強めていき、一九四五年二月一三日〜一五日のドレスデン空襲ではイギリス空軍と共同して無差別爆撃を実施し、三万人ともいわれる人びとの命を奪うことになったのである。

†モノコックボディとジュラルミン

飛行機が、流れるようなフォルム——流線形をまとうには、モノコックボディの獲得とジュラルミンの登場が必要だった。

まずモノコックについてであるが、これは、外板に応力（物体に作用する力）を受け持たせる構造をいう。応力を骨組みのみに受け持たせて、外形を整形する板をそれに組み合わせるという方法もあるが、それだと重量がかさむ。限られたエンジン出力を有効に使うためには、軽量化した方が一般的に有利である。したがって、応力はできるだけ外板に受け持たせるモノコックボディを採用することで、骨組みによる重量をできるだけ減らす方が理想的である。

一九一二年にフランスのドペルデュサン社で作られたレース機は、世界で最初に時速二〇〇キロメートルを超えた機体である。胴体は木製モノコックで、型に木材を螺旋状に巻き付け、木材の繊維が直交するようにさらにその上から巻き付けて合板を形成した後に型から抜き取るというその作り方は、ヨーロッパの家具製作の技術に倣ったものだといわれる。ドペルデュサンのレース機はこの方法で滑らかな表面を持つ流線形の機体を得たが、この製法には、量産に向かないという欠点があった。

第一次世界大戦で用いられた多くの飛行機は、木製の骨格に羽布貼りという構造であった。それでも少数ながら、木製モノコックの構造を持つ機体もあった。一九二〇年代後半から三〇年代初期にかけては、アメリカのロッキード社が木製モノコックの高速機を得意とした。

続いて、ジュラルミンについて。これはアルミニウム合金の一種であり、銅をわずかに含む。これはドイツの研究者アルフレッド・ウィルム（一八六九〜一九三七）によって一九〇六年に発見されたもので、比重は鉄の半分以下ながら、引っ張り方向の強さは鉄に匹敵するという金属材料である。

エンジンが非力だったこともあって、とにかく軽く作らなければならなかった初期の飛行機は、木の骨組みに布張りの翼で作られ、そして乗る人も操縦索もむき出しの状態だった。やがて布で操縦席など主要部が覆われるようになり、一九一〇年代に入ると、信頼性の観点から、フレームに金属が少しずつ用いられるようになった。そのような中にあってジュラルミンは、まずドイツのツェッペリン飛行船の骨格に用いられた。飛行機では、同じくドイツのユンカース社が全金属機に挑戦し、外板にジュラルミンの波板を張った（その際、凹凸は飛行方向に沿うよう張られた）ユンカースJ・I攻撃機を一九一七年より製造している。方形の断面を持つパイプフレームに張られた波板の外板は応力をまだ完全に分担するようにはできていなかったが、この方式は他にも影響を与え、一九二〇年代にはアメリカでも模倣された。

ジュラルミンを用いたモノコック構造に積極的に取り組んだのは、アメリカのボーイング社である。同社が手掛け一九三二年に登場したP－29戦闘機は、アメリカ陸軍最初の、セミモノコック構造の全金属機であった。また一九三三年には、全金属製セミモノコックボディで引き込み脚を持つ、当時にあっては先進的な双発旅客機ボーイング247が誕生した。鋼管フレームに羽布や合板を張った飛行機がまだ珍しくなかった時代である。以後ボーイング社は、全金属機で地歩を築いていく。後に誕生するB－29の流線形ボディは、その延長にあった。

†アメリカ軍の重爆開発史

一九二一年にアメリカ軍が行った爆撃実験で「オストフリースラント」に二〇〇〇ポンド爆弾を投下したのは、マーチンMB－2と呼ばれる飛行機である。複葉の双発機で、操縦席などはまだ吹きさらしだが、一九二〇年代の飛行機としては比較的大きなものであった。

アメリカ陸軍航空隊の実用機として最初の全金属製単葉双発爆撃機は、一九三〇年代初頭に誕生した。これはMB－2と同じくマーチンが開発した飛行機で、B－10という。この飛行機は引込式の主脚を持ち、また爆弾は胴体内に収容されるなど、それまでの飛行機と比べて空力的に洗練されていた。また操縦席や銃座は、ガラス張りの風防によって覆われる密閉式となった。巡航速度で見ても毎時三一〇キロメートルという性能は、当時としては俊足である。ちなみに、ほぼ同じころに運用が開始された日本陸軍の九三式重爆撃機は、一九二〇年代に設計されたドイツのユンカースK37に範をとったという事情はあるにせよ、固定脚で操縦席や銃座はまだ吹きさらしであり、また最大速度が二二〇キロメートル／毎時という性能は、見劣りがする。

しかし、登場した時には優れた性能を持った飛行機も、いずれは陳腐化する。とりわけ一九三〇年代は、航空技術が飛躍的に進歩した時代であった。軍用機の開発競争は、量産が開始される頃には、すでに次の時代を見越した設計が求められていた。

一九三四年八月、アメリカ陸軍はマーチンB-10の後継として、航続距離二〇〇〇マイル（約三二〇〇キロメートル）を高速で飛行する多発爆撃機（「多発」とは、エンジンを二基、もしくはそれ以上有することを意味する）の開発を航空機メーカーに要求した。これに応えたのは、ダグラスとボーイング、そしてB-10開発の実績を持つマーチンの三社で、それぞれ翌年には機体を完成させている。

軍の要求に対し、ダグラスとマーチンの二社は双発機を開発し、ボーイングは四発機をもって答えとした。この中から採用されたのはダグラスの機体で、B-18の名で発注がおこなわれることになる。これは、同社が開発した全金属製双発単葉旅客機DC-2から発展させたものであった。他方で、ボーイングが開発した機体はこのとき採用には至らなかった。しかしその高性能により、軍の一部は感銘を覚え、実用化に向けた開発が続行されることになる。そして一九三六年末には試験や運用開発を目的とするYB-17の名が与えられた機体が初飛行した。

ここで述べた、ボーイング社の機体に感銘を覚えた軍の一部とは、ヘンリー・アーノルドら、前章で述べたウィリアム・ミッチェルより薫陶を受けた人びとである。この少数の人びとを除けば、アメリカ政府も陸軍首脳部も、ボーイング社の機体はアメリカ防衛にとって高価に過ぎると考えていた。彼らにとって遠洋での作戦は海軍の仕事であり、だとすれば陸軍航空隊の爆撃機としては、たとえ航続距離は短くとも、B-18で十分であると考えられたのである。このときはまだ、第一章で触れたミッチェルの空軍独立論や戦艦無用論に理解を示す人は少なく、アーノルドのような少数の理解者がいたことで、ようやく四発爆撃機の開発・運用試験が続いていたといってよい。

しかしそのような状況は、ヨーロッパの情勢変化を受けて変化する。ヒトラーが率いるドイツは一九三八年三月にオーストリアを併合し、一九三九年三月にはチェコスロバキアを解体してボヘミアとモラビアを保護領とした。アメリカは、ヨーロッパに対して非干渉という姿勢を取りつつも、一九三九年の初めには、ルーズベルト大統領による軍用機関連への大規模な予算支出要求を議会が承認している。量産型B-17の調達が始められたのも、この年からである。

一九三九年九月一日、ドイツはポーランドへの侵攻を開始した。それを受けて同月三日にイギリスとフランスはドイツに対して宣戦を布告し、第二次世界大戦が始まった。アメリカはやがて、イギリスなど連合国側を後方から支援するようになる。

†同じころの日本海軍は

ここで、同じ時期の日本ではどのような機体の開発がおこなわれていたのか、アメリカを仮想敵国としていた日本海軍について、比較する意味で見ておきたい。

一九三三（昭和八）年、アメリカでマーチンB-10が登場した頃に日本海軍は、三菱に対して八試特殊偵察機（しばしば八試特偵と略される）の設計を指示した。三菱は、洗練された機体に引込脚を持つ全金属製双発単葉の機体をもって応え、一九三四（昭和九）年に完成させる。最大速度二六五・六キロメートル、航続距離二三四六キロメートルという性能を持った同機は、同じころの、欧米の水準と比肩しうるものとなった。

海軍は、この八試特偵の一号機が完成する少し前に、今度は九試中型陸上攻撃機（九試中攻）の試作指示を三菱に対しておこなった。これは八試特偵を発展させ戦力として実用化しようとしたものである。八試特偵よりも出力の大きなエンジンを装備した試作一号機は一九三五（昭和一〇）年に完成した。その後、座席配置案やエンジン選定の検討、また各種の試験や改修を経て、一九三六（昭和一一）年六月に、九六式陸上攻撃機（九六陸攻、または中攻ともよばれた）として海軍の制式兵器となった。

なお九六式陸上攻撃機が「爆撃機」ではなく「攻撃機」であった理由は、魚雷による敵艦船攻撃を目的とした飛行機が、日本海軍では「攻撃機」に分類されていたことによる。また「陸上攻撃機」という呼称は、航空母艦で運用することを前提に設計製造された「艦上攻撃機」と区別したものである。日本海軍で「爆撃機」という場合には、急降下爆撃を前提とする飛行機を意味した。ちなみに日本陸軍の「爆撃機」は、とくに急降下爆撃を前提とはしていない（陸軍に急降下爆撃可能な機体がなかったという意味ではない）。

九六陸攻は、爆弾または魚雷を搭載した状態で、二八〇〇キロメートルを超える航続距離を付与された。それは戦争となった場合、日本近海で艦隊決戦をおこなおうとした対米戦略に起因するためで、来襲するアメリカ艦隊の戦力を、太平洋上の島嶼（ミクロネシア）から攻撃することで削り取っておこうとする発想にもとづいたものである。

九六式陸上攻撃機を採用した海軍は、つづいて一九三七（昭和一二）年九月に、その後継機となる機体の計画要求を三菱に提示した。二基の一〇〇〇馬力級エンジンを装備し、最大速度は四〇〇キロ以上、偵察時には三七〇〇キロメートルの航続距離という海軍側に要求に対し、十二試陸上攻撃機（十二試陸攻）として一九三九（昭和一四）年に完成した機体は、要求値よりも高速で、航続距離に至っては五〇〇〇キロメートルを超えるという高性能ぶりを示した。もちろん、重い爆弾や魚雷を抱えた状態での航続距離は減少するものの、一九四一（昭和一六）年四月に一式陸上攻撃機（一式陸攻）として制式兵器となったこの飛行機は、太平洋戦争の全期にわたって、海軍の主力陸攻として使用される。

他方で海軍は、十二試陸攻をさらに上回る攻撃力と航続距離を持つ四発攻撃機の計画に着手し、一九三八（昭和一三）年、十三試大型陸上攻撃機として中島飛行機にその開発を指示している。その要求性能は、最大で時速四四四キロメートル以上、航続距離は偵察時で八三〇〇キロメートル、爆撃時に六四〇〇キロメートルというもので、もし実現すれば、B－17を凌駕する性能を有するはずであった。

†日米航空機開発の懸隔

想定される戦場や戦い方が異なる軍用機を比較すること、およびその優劣を論じることは、なかなか難しい。というのも、戦略思想や戦術の違いはもちろんのこと、それを作る者使う者の熟練度や生産数、搭載される武器や器材の水準、使用される際の補給の問題、さらには材料や工作の適不適といったさまざまな因子が絡んでくるからである。それでもおよその比較を試みるとすれば、次のことがいえるであろう。

設計および試作一号機の登場した時期では、ボーイングB-17と九六陸攻が概ね同世代となり、またB-17が本格的に量産されはじめる頃に登場したのが一式陸攻ということになる。B-17に対して九六陸攻は、最大速度や実用上昇限度の点で及ばない。一式陸攻は設計が新しく、またエンジンの出力が増していることもあって、九六陸攻に比べれば速度および飛行高度の点で勝っており、航続距離もさらに伸びている。しかしそれでもB-17を凌駕する機体とはいいがたい。限りあるエンジンの力を速力や搭載量などにどのように割り振るかということを考える時、双発の九六陸攻よりも二基多い分、B-17の方に余裕がある。もちろんB-17は九六陸攻や一式陸攻よりもはるかに大きく重い機体を持ち上げるための力が必要であり、また後のヨーロッパ航空戦における実用上の航続距離は、二トンほどの爆弾搭載量で二四〇〇キロメートルほどにとどまったというが、それでも、実戦から得た教訓をもとに防御兵器を追加することや、また装甲など防弾の手立ての装備という点においてB-17の方がはるかに有利であったことは確かである。このことは、後に戦訓を反映させた改良を重ねながら大量に作られ、多くの新鋭機とともに、第二次世界大戦の終結まで第一線にあったという事実に現れていよう。

八試特偵およびその発展型である九六陸攻が、航空先進国の水準に追いついた機体だという評価は、まず間違いない。だとしても、日本の航空産業と、マーチンB‐10の後継機として九六陸攻と同じ時期にB‐17を生み出せたアメリカの航空産業との間には、技術的にも、また産業の規模という点においても、大きな隔たりがあったのもまた確かである。その隔たりは、さらに次の世代の爆撃機――B‐29の登場で、さらに大きく開いたわけである。

†B‐29の開発へ

一九四〇年一月、アメリカ陸軍航空隊は、往路に一トン爆弾を積んでおよそ五三〇〇マイル(約八五〇〇キロメートル)の距離を飛行できる爆撃機の計画案を提出するよう、メーカー各社に求めた。爆装したB‐17の航続距離が四〇〇〇キロメートルに満たない(のちに最終型として生産されたG型では、爆弾を六〇〇〇ポンド[約二七〇〇キログラム]搭載した場合で二〇〇〇マイル[約三二〇〇キロメートル]である)ことを考えれば、これはきわめて高い要求である。大きな爆弾搭載量で、当時としては飛躍的な長距離を飛行する爆撃機が求められたのである。数社がこの要求に応えたが、四月になるとヨーロッパ戦線における戦訓を反映させて防御の強化を主とする設計変更が要求される。

こうした要求に応えた各社の計画案のうち、軍が採用したのはボーイングとロッキードの案であった。このときのボーイング社の計画案が、のちにB‐29として結実する。一方でロッキード社は開発を断念し、それにかわってコンソリデーテッド社の計画案が採用されることになった。つまり二社の異なる計画案が同時に進行したわけだが、軍にとっての本命は、旅客機を含めてこれまで大型機の自主開発を続けて来たボーイングの計画案にあって、コンソリデーテッド社の計画案は、ボーイング社の開発が遅延したときにそなえたバックアップという性格を有していた。こうしてボーイング案はXB‐29、コンソリデーテッド案はXB‐32という名で開発がすすめられ、まず一九四二年九月七日にコンソリデーテッド社のXB‐32が、続いて同月二一日に、ボーイング社のXB‐29がそれぞれ初飛行をおこなった。

いま見たように、B‐29開発へとつながる動きは一九四〇年初頭にはじまったものである。このときアメリカはまだ参戦しておらず、したがってドイツ、イタリア、日本など枢軸国の動きに対する警戒心はあったとしても、最初から対日戦のために考えだされたわけではない。

日本の対米開戦を受けるかたちでドイツとイタリアがアメリカに対して宣戦布告をおこなったのは一九四一(昭和一六)年一二月一一日であり、イギリスに派遣された第八爆撃機集団がB‐17を用いてヨーロッパ大陸への出撃を開始したのは一九四二年七月のことである。のちにB‐29に至る計画案を、ボーイング社は軍の要求提示からおよそ一カ月で提出した。そして一九四二年九月には第一号機の完成を見ている。B－17のように一年で作り上げるというわけにはいかなかったが、戦訓を反映させるための設計変更要求から数えると二年四か月でまとめ上げたことになる。それでも、やすやすと量産に移せたわけではない。

軍による発注は、第一号機の完成に先んじておこなわれたが、新機軸を多く盛り込んだ飛行機でしばしば見られたように、B－29もトラブルの多発に悩まされた。とりわけ深刻だったのはエンジンで、ライトR－三三五〇（二二〇〇馬力）はしばしば離陸時に火災を起こした。また、その機体が巨大なことから、生産がすべて工場の建屋内ですんだわけではなく、露天での作業も必要となるありさまだった。さらには機体そのものが出来ても艤装品が間に合わないケースもあり、一九四四年に入っても実用に耐えうる機体はほとんどなかった。

だがその間に、B－29開発をより後押しすることになる出来事が起きた。

†対日空襲の決定

連合国は、戦争指導をめぐって様々なレベルで多くの会議を開いていた。一九四三年八月一七日から二四日に開かれたケベック会談もそのひとつである。

この会談では、アメリカのルーズベルト大統領とイギリスのチャーチル首相の間で、ヨーロッパにおける本格的な反抗作戦としてフランスに上陸し、ドイツの西方に戦線を形成することで同意が得られた。それともう一つ、アジア・太平洋の戦いをめぐり、中国に基地を設けて、日本に対する戦略爆撃を実施することが取り決められたのである。

だがこのとき、日本本土への戦略爆撃に使えそうな飛行機は、まだ開発中のB－29以外になかった。

ケベック会談がおこなわれた頃のアメリカ軍は、南方ではまだソロモン諸島や東部ニューギニアの日本軍を圧迫しつつあった段階であり、仮にB－29を用いるとしても、太平洋方面から日本本土を空襲することは不可能な段階にあった。それでもなお早期に爆撃を開始しようとすれば、まだ日本軍に占領されていない中国大陸に基地を設けるより他にない。しかしそこには、日本軍の脅威と、補給の困難さが立ちはだかっていた。対日空襲の危険を排除するために、日本軍が全力で中国を叩きに来るかもしれない。そして蔣介石が連合国から脱落するようなことがあれば、中国大陸にある一〇〇万からの日本軍が太平洋方面に振り向けられるかもしれないのである。

ビルマから雲南省に通じる陸上の補給ルートは日本軍によって閉ざされていたため、彼らはヒマラヤ越えによる空輸に頼るほかなかった。そもそも連合国の一員である中国への補給を考えれば、日本軍によって制圧されていたビルマを解放した方が得策である。しかしヨーロッパおよび地中海方面での戦いを抱えていた当時のイギリスには、まだインドからビルマに攻め込む余裕はなかった。蔣介石の中国軍を雲南省から北ビルマに進攻させることも考えられたが、これには蔣介石が同意しなかった。彼にとっては、おそらく中国共産党と争うことになるであろう戦後を見据えて麾下の軍隊を温存することが大切だったと考えられる。

だが蔣介石の思惑がどうであろうと、アメリカ軍が中国奥地から対日空襲を実施する場合、ヒマラヤ越えの空輸だけでは、必要なだけの物資を補給するのは困難である。そのためにはやはり、ビルマから昆明へと抜ける陸上補給路が必要であった。たとえ蔣介石が乗り気ではなかったとしても、中国軍による北ビルマ進攻は不可欠であった。ルーズベルトは、カイロ会談（一九四三年一一月二二日〜二六日）で、蔣介石にビルマ進攻を約束させた。

しかしここで、大きな動きが生じる。続いておこなわれたテヘラン会談（一九四三年一一月二八日〜一二月一日）の席でルーズベルトは、ソ連のスターリンから、ドイツ降伏後の対日参戦を約束として取りつけたのである。ソ連が参戦するとなれば、連合国の中における中国（蔣介石）の地位は相対的に下がる。要するにここで、アメリカが蔣介石に遠慮する必要が少なくなってきたのである。アメリカは、対日空襲の拠点としてより適していたと考えられたマリアナ方面の攻略に乗り出すことになる。アメリカの統合参謀本部は、一九四四年春に中国奥地から対日空襲を開始することと合わせ、マリアナ諸島を攻略したうえで、同年一二月からマリアナより日本本土の空襲を開始することを決定した。

しかし一九四四年に入っても、作戦可能なB－29は揃わなかった。そのあたりに、B－29の開発が、前代未聞の大事業であったことがうかがえる。そこでヘンリー・アーノルド将軍が動いた。彼はカンザス州ウィチタのボーイング工場に大勢の技術者や工員を集め、厳寒の中での突貫作業が開始された。それによって同年三月下旬から、整備され飛行可能となった機体がその姿を見せるようになった。

全長三〇メートル、全幅四三メートル、自重三〇トンという大きな機体は、ジュラルミン合金を用いた全金属の、セミモノコック構造。全体的な外形から細部に至るまで空気抵抗の軽減に意が払われ、組み立てに使われるリベットには、頭部が機体表面に凸部を作らない沈頭鋲が用いられた。また機内は高々度飛行に備えて与圧されるが、その空気はエンジンの熱を利用して暖房することが可能。乗員は一一名。爆弾搭載量はおよそ九トンに及び、航続距離はおよそ五〇〇〇キロメートルに達する超重爆撃機であった。

B－29の生産は、ボーイング社のほか、ベル社とマーチン社でもおこなわれた。また部品や艤装品の生産には自動車産業も加わり、アメリカ工業界挙げての生産体制が敷かれたといってよい。

なおB－29のバックアップ機となるはずだったコンソリデーテッド社のB－32は、初飛行こそB－29より先んじたものの、やはりトラブルが相次ぎ、尾翼を改修し、また与圧をあき

図 2-1　B-29 の全体像
https://commons.wikimedia.org/wiki/File:Boeing_B-29_Superfortress_USAF.JPG

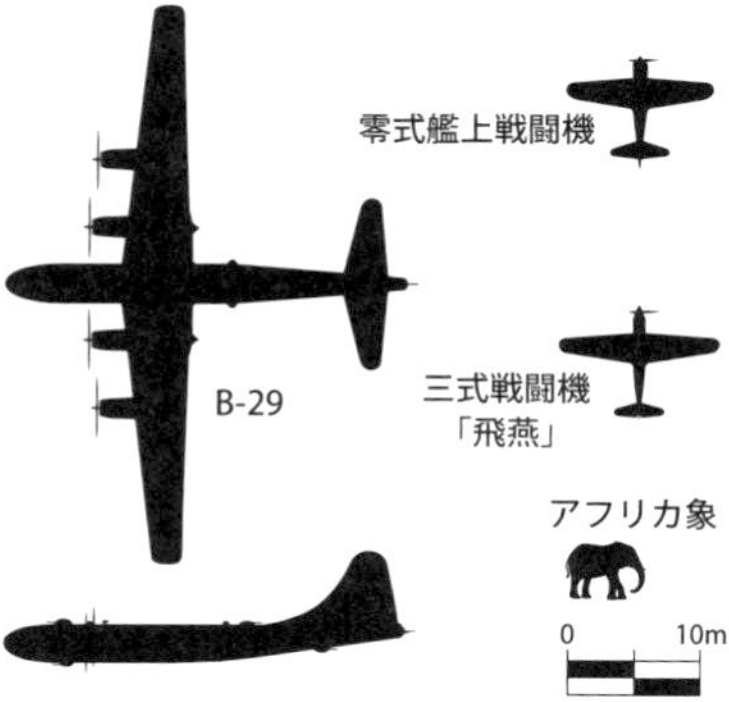

全長	30.18 メートル
全幅	43.05 メートル
最大離陸重量	61,236 キログラム
上昇限度	約 1 万メートル
最大速力	時速 587 キロ
航続距離	5,230 キロメートル
爆弾搭載量	最大 9 トン
乗員	11 名

図 2-2　B-29 はこれくらい大きかった（イラスト／Studio Peace）

らめるといった経緯を経て、一九四四年八月にようやく軍への引き渡しが開始されている。

†インドの基地でデビュー

Ｂ－29の搭乗員は、一九四三年から人選と訓練がおこなわれていた。とはいっても先述したように満足に飛べる機体がなかったこともあって、本格的な訓練は、一九四四年以降におこなわれている。Ｂ－29そのものを用いた訓練は数カ月で修了したと書けばいかにも急いで実戦投入されたようだが、実際、エンジンの過熱など不具合が完全に解消されたわけではなく、不安を抱きながら任務に就いたことを回想する乗員もいる。

アメリカ陸軍航空隊では、Ｂ－29を運用する第二〇航空軍が設立された。その指揮下に、第五八爆撃航空団を麾下に置く第二〇爆撃集団がまず編成され、インドのカルカッタ周辺に設けられた数カ所の基地へと、大西洋を越えアフリカを経由する飛行ルートをとって移動した。中国の成都近郊に設けられた基地は、日本や満洲南部を爆撃する際に使用する前進基地であって、根拠地ともいうべき基地はインドにあった。

インドに急造された基地の居住環境は、アメリカ人にとって劣悪だったと記憶されている。竹で作られた小屋はモンスーンになればいたるところで雨漏りし、またトイレ小屋も地面に穴を掘っただけの竹製の小屋。しかしそれでも下士官搭乗員ともなればクラブがあり、また洗濯など身の回りの世話に、現地人の少年たちが使役された。

ところで先ほども述べたように、中国の奥地、成都からの北九州爆撃は、アメリカ軍にとっても困難な作戦であった。というのも、中国に向かう道路が通じているはずのビルマ（現ミャンマー）は、このときはまだ日本軍の占領下にあったからである。したがってアメリカ軍は、成都への補給について、インドから空路でおこなうことを強いられたのである。

ビルマが日本軍によって占領された後、中国に対する支援を継続するためにアメリカは、インド北東部のアッサム州からヒマラヤ山脈の東端を飛び越えて雲南省へと至る航空路を開設した。しかし、当時の飛行機は搭載量が小さく、またヒマラヤ上空の乱気流や悪天候が、しばしば任務の遂行を妨げた。飛行機はヒマラヤの峰々を越えるため六〇〇〇メートル以上の高度をとり、中国領内に入るや雲中に現れる大地へと着陸するという、危険な空路でもあった。

しかもこの航空路に立ちはだかる障害は、自然だけではない。一九四三年一〇月から、ビルマにあった日本陸軍の戦闘機部隊が「辻斬り」と称して、この航空路を行き来する輸送機にしばしば襲いかかるようになっていたのである。

一九四四（昭和一九）年四月二六日、チャールズ・ハンセン少佐が操縦するB‐29が中印国境付近を飛行中に、宮部英夫大尉が率いる飛行第六十四戦隊の一式戦闘機から攻撃を受けた。日米ともに撃墜された機体はなかったが、この空戦により、B‐29の出現を日本側は確認した。それは、本土空襲がいよいよ近いことを予見させるものであった。

†初陣、そして北九州爆撃

B-29の初陣は一九四四年六月五日、インドを飛び立ってタイのバンコクにあった操車場を爆撃した任務である。これは天候不良によってレーダー照準によりおこなわれたが、戦果はほとんどなかった。

そして二度目の出撃が、六月一五日から一六日にかけておこなわれた、八幡製鉄所を目標とする北九州爆撃である。

中国の成都から飛び立ったB-29の燃料と爆弾は、ヒマラヤ越えのルートを用いて、そしてB-29自身もまた往復して蓄えた貴重なものだった（図2-3）。

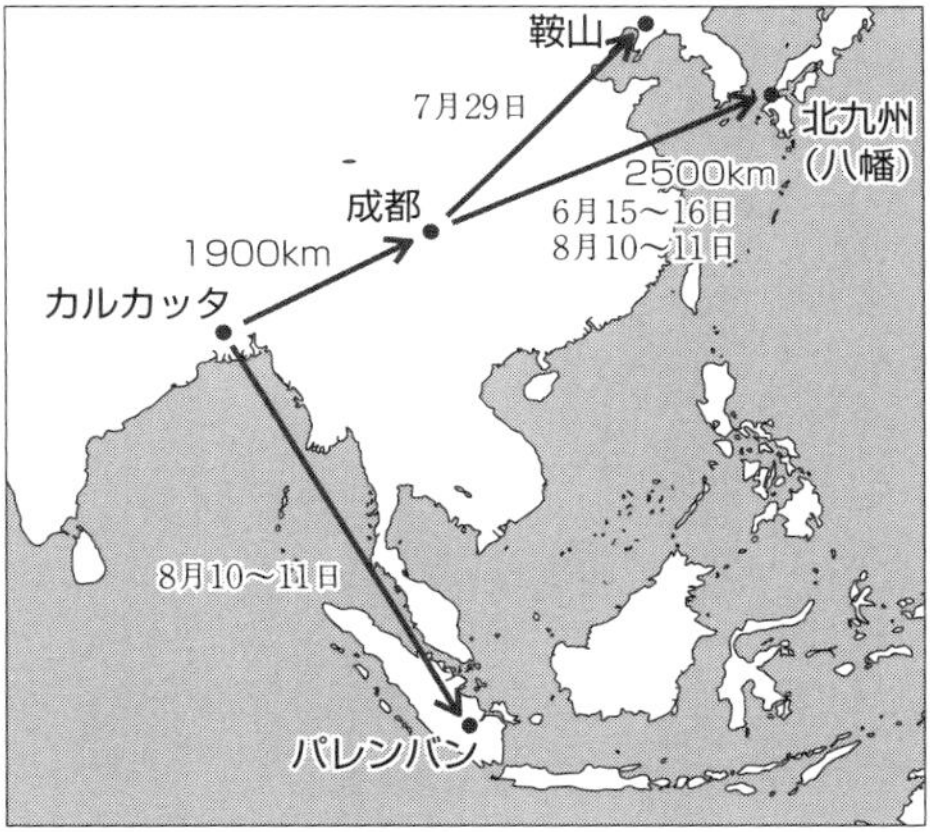

図2-3　初期の爆撃ルート

六月の八幡製鉄所を目標とする空襲の後、第五八爆撃航空団のB-29は、七月八日にふたたび来襲してきた。しかしこのときは、主力が佐世保や大村に向かったこと、および北九州上空の雲が多かったこともあって、現在の北九州市域ではとくに被害はなかったようである。

　その後、第五八爆撃航空団は七月二九日に満洲の鞍山にあった昭和製鋼所を、また八月一〇日から一一日にかけては長崎・北九州、およびスマトラ島にあったパレンバン製油所を目標に出撃を繰り返した。一〇日・一一日の空襲では、主目標となった長崎の工場群は無事で、市街でむしろ死者を出している。また同時にパレンバンを目標としたことは、日本の占領地の広さもさることながら、B‐29の航続距離がいかに長いかも示している。日本本土に対しては中国奥地の基地を中継する必要があるとはいえ、数十機のB‐29を二手に分けて、日本本土を狙うと同時に現在のインドネシアも行動範囲に入れることができたのである。これは当時の飛行機として、破格な運用方法である。

Ⅱ

戦前日本の空襲観

第三章　飛行機が帝国を表象する

†黎明期の日本飛行機産業

時計の針を、少し巻き戻そう。

一九三〇〜四〇年代は、日本でも航空産業の発展が見られた時代であった。国策会社として発足した日本航空輸送が定期航空事業を開始したのは一九二九（昭和四）年四月一日。陸軍の立川飛行場を間借りしての始まりだったが、その翌年夏には羽田飛行場が竣工。まだまだ技術的にも利用者数も欧米各国と比べて低い水準ではあったが、まがりなりにも国の後押しによって民間航空事業が本格的に開始されたのである。

民間航空を国が後押しするという現象は、日本に限った話ではない。同じような傾向は、ヨーロッパでも見られた。なぜならば、飛行場や運航に関わる施設の建設、操縦士や機関士などの育成は、金はかかるものの、いざ戦争となれば航空兵力を補完するものと考えられたからである。

日本の陸軍や海軍も、将来の戦争には飛行機の存在が不可欠だとして、さかんにアピールをおこなうようになった。三菱や中島、川崎といった航空機製造会社は外国人技師を招聘し、また欧米のパテントやライセンスの導入によって技術を蓄積して、航空機産業としての自立を目指した。この時期の飛行機に関する研究や設計・製造技術の発展は目覚ましく、とはいうものの後発国の日本は、第二章で見たとおり、一九三五年頃までは欧米に比べて見劣りがする状態にあった。

しかし他方で、新聞社が飛行機の速達性を利用して競い合うという状況も生じていた。とりわけ熱心だったのは朝日新聞社と大毎・東日新聞社の両航空部で、飛行機による新聞原稿送達のみならず、長距離飛行や海外親善飛行をおこなってみせるなど、両社は読者獲得も視野に入れた、派手でかつ熾烈ともいえるほどのキャンペーン合戦を繰り広げた。新聞社など民間航空で使われた飛行機は多くが外国製の当時ポピュラーな機体だったが、朝日がわざわざ川崎に作らせた高速連絡機を使いはじめれば、対抗する大毎・東日はロッキード社の高速機を輸入するという力の入れようだった。

朝日新聞社はそれよりも前、一九二三(大正一二)年から日本航空輸送の事業開始まで、東西定期航空会という名の、東京大阪間の郵便飛行事業を手掛けていた。単なるイベント飛行どころか、規模は小さいながらも定期航空事業を、それも郵便飛行という、逓信省の事業にかかわる仕事をしていたのである。

近代郵便制度は、共通の条件を公衆に示し、利用者はそれを承諾して郵便を利用するようにできている。そこで示された条件を完全に承諾することができなければ、利用をあきらめるしかない。だがそのかわりに事業者は、郵便物の差出を断ることは基本的に出来ない。郵便飛行というのは、このようにして広く一般より差し立てられた信書を、一定の制度に則ったかたちでおこなう逓送の一形態である。したがって悪天候で飛べないというのであればともかく、気まぐれで飛行を休むわけにはいかない。新聞社の事業としてはいささか特異なものだが、朝日新聞社には、それを六年間続けてきたという実績があった。一九二九年に事業を開始した日本航空輸送の主要航空路は、実は朝日から東西定期航空会の航空路を取り上げるかたちで実現させたものでもあった。

しかし時が経つにつれて、このように新聞社がパイオニアの一翼を担った日本の航空界は、その印象を次第に変容させていくことになる。

†モダンで尖端的なイメージの時代

さて私たちは飛行機のイメージする世界を知ろうとした場合、何を通して見たらよいのであろうか。映画？　文学？　それとも絵画？　筆者としては、飛行機を扱った本では取り上げられる機会の少なかったものを選んでみたい。

そこで本書は、レコード歌謡を取り上げる。なぜかといえば、一つは当時において大衆的な影響力を有していたこと。そしてもう一つは、その消長が、先ほど述べた、日本において航空機が発展を遂げた一九三〇〜四〇年代という時期に、ほぼ合致するからである。曲そのものへの言及は難しいが、歌詞を通すのであれば、飛行機を用いて描き出されたイメージをいくらか再現できるかもしれない。

毛利眞人の『ニッポン　エロ・グロ・ナンセンス』によれば、それまでは社会に流行している歌を後追い的にレコード化していた産業が、流行らせることを前提に企画するようになったのは大正末のことだそうである。マイクロフォンと増幅器を用いた電気録音という技術革新や、いくつかの外資系レコード会社の日本市場参入も大正末のことであった。


とはいっても昭和初期はまだ大正期からのカオスを存分に引きずった時期で、なにもかもがいきなり新しくなったわけではない。

大正期の新民謡運動を継承した〈波浮の港〉〈鉾をおさめて〉などの新民謡がヒットするのと同時に、欧米の流行歌を翻訳した〈アラビアの唄〉〈青空〉などのジャズソングが爆発的に売れた。だが、その基調となったフォックストロットも大正期にダンスブームとともに日本に伝わったリズム感覚である。これら和洋の異なる感覚がミックスして、レコード流行歌が作り出されるようになった。

このように述べたうえで毛利は、一九二八（昭和三）年がターニングポイントであったとする。なぜならば、大正天皇の喪が正式に明けたのがこの年で、沈滞ムードが一気に吹き飛ばされたからである。輸入レコードを通してダンスホールなどに馴染んだリズムが、この時からラジオやレコードによって家庭にも入り込むようになったという。まさにこの頃から、音楽が、もしくはレコードが、大衆文化の担い手として欠かせない地歩を築いていったのである。

さて流行歌には、しばしば風俗や流行が歌いこまれるもの。時には風刺をこめて。あるいは煽情的に。

昭和初期の風俗といえばモダンガールにフラッパー、そしてエロ・グロ・ナンセンス。思想面では官憲の厳しい取り締まりに遭いながらもマルクス・ボーイが目を引いて、それらがない交ぜになりながら「尖端」的（「先」端ではない！）であることが情動を突き動かすようになる。曾我直子により吹き込まれた〈尖端的だわね〉（作詞作曲・松竹蒲田音楽部）のレコード発売は一九三〇（昭和五）年のことだが、そこでは「惚れてかよえば千里も一里／今じゃ東海道は三時間／恋の江戸からいとしの君へ／旅客飛行機でちょいと飛んで／逢って戻って知らぬ顔／オャ尖端的だわね／オャ尖端的だわね」と、時代の尖端、およびスピードのイメージとして飛行機が登場する。

ここではもう一つ、一九三一年の〈ナンセンス小唄〉（作詞・池津勇太郎、作曲・塩尻清八、歌・清水静子）の一番も見ておきたい。

モダン駆け落ちスピード流行り
あたしゃ飛行機　あなたメトロ
メトロ一里ではや行き止まり
空じゃ待ちぼうけ宙返り
あら断然ナンセンス

一九二九年の〈東京行進曲〉（作詞　西條八十・作曲　中山晋平・歌　佐藤千夜子）では、「シネマ見ましょか　お茶飲みましょか　いっそ小田急で逃げましょか」と四番に出て来た駆け落ちが、ここではのっけから出てきて、しかも女性のほうは飛行機である。メトロ一里とあるのは地下鉄の営業区間がまだ浅草〜万世橋仮駅間であったことの反映だが、いくら市電より断然早い地下鉄でも、飛行機で出発した女性には取り残されてしまうだろう。尖端を行く女性の、まさにその尖端ぶりをイメージさせるのに、飛行機のスピード感はうってつけのものだった。

いま見たように、昭和初期といえば「スピード」も欠かせない。関東大震災により被災した路面電車のピンチヒッターとして登場したバスは、その勢力を急速に広げつつあった。日本最初の地下鉄が上野〜浅草間で営業を始めたのは一九二七（昭和二）年。また国鉄は一九三〇（昭和五）年に、東京〜神戸間を九時間で結ぶ特急「燕」の運転を開始した。また東京市内には、市内一円均一の円タクが走った。それらの速さをどれだけ真に受けていたかという点で議論があったとしても、スピード時代のイメージがさまざまな交通機関によって振りまかれたのは確かである。

人びとが、軍用機の存在を知らなかったわけでは決してない。だが今和次郎《こんわじろう》が「時代の微笑は交通機関の新様態の上に展開されてゐると云へやう。商業も、雑多の事務も、恋も、その他その他も時々刻々それらで取りはこばれてゐる」（『新版大東京案内』）と書いたまさにその中にあって、人びとの間では、「尖端」や「スピード」を象徴するものとして飛行機はイメージされていたのである。

†空中戦イメージの形成

昭和初期の風俗や流行を取り込んで盛り上がったエロ・グロ・ナンセンスは、発禁が相次ぐまでに盛り上がったが、所詮はブームに過ぎず、一九三二（昭和七）年には沈静化へと向かった。それにとって代わって流行したのが、時局モノやミリタリズムである。一九三一年に引き起こされた満洲事変とその翌年の第一次上海事変の影響は大きく、とりわけ後者における爆弾三勇士は大ブームとなって歌も多く作られ、各レコード会社から発売された。

こうしたムーブメントのなかで飛行機を取り上げた歌としては、まず〈大空軍行進曲〉（作詞・松村又一、作曲・古関裕而、歌・米倉俊英）を紹介しておきたい。これは、第一次上海事変における海軍航空隊の活動をモチーフとした映画『上海爆撃戦 征空大襲撃』（日活）とタイアップしたもので、「見よ　銀翼に／日の丸は／空の王者か　隼か／爆音一路　敵陣へ／おうおわれらが偵察機／勝利は君が上にあり」の一番で始まり、続いて戦闘機、爆撃機の活躍を歌って、最後に四番の「おうお　吾等が空軍の／勝利は燦と輝きぬ」で括られる。軍用機を歌い込んだものとして最初のものというわけではないが、映画とともに空軍力をたたえた歌として、また第一次上海事変の航空兵力がモチーフという点で、一つの画期ではあるだろう。

第一次上海事変で日本海軍は、「鳳翔」と「加賀」という二隻の航空母艦を地上戦闘の支援のために派遣した。しかし、このとき航空母艦から出撃した三式艦上戦闘機と一三式艦上攻撃機は、中国空軍に翻弄される。その後、航空隊は上海郊外の公大飛行場に前進。一九三二（昭和七）年二月二二日、蘇州攻撃に向かった「加賀」の三式艦上戦闘機三機と一三式艦上攻撃機三機が、アメリカ人顧問ロバート・ショート中尉が操縦するボーイングP－12戦闘機と空戦になり、生田乃木次大尉が操縦する艦上戦闘機がショート中尉機を撃墜した。これが日本機による空中戦での撃墜第一号である。なおこの空戦では、艦上攻撃機隊の指揮官である小谷進大尉が機上で戦死しており、日本側は喜んでばかりもいられなかった。しかも艦上攻撃機隊がショート中尉機のガソリンタンクを射抜いたという話もあり、〈空中艦隊の歌〉（作詞・長田幹彦、作曲・中山晋平、歌・四谷文子）では四番で「指揮官小谷鬼大尉／壮烈空に死すとても／妙技をつくす戦術に／敵機は焼けて墜落す」と、こちらの歌では艦上攻撃機隊に花を持たせる歌詞となっている。

第一次上海事変は、日本の航空兵力が本格的に戦闘を体験した戦闘となった。しかもそれは、戦死や敵機撃墜という、航空戦の「物語」を形づくる要素を含んだ戦いでもあった。飛ぶことを歌に込めるだけではなく、戦死したといってはまた歌を作って売るという状況が、ここで起こるようになったのである。

このミリタリブームも、それまでの他の流行と同じくひとまず沈静するが、およそ五年後に、ふたたび活気を取り戻すことになる。

†神風号ブーム

一九三七（昭和一二）年になると、多くの日本人が、自国の航空技術に対して目をみはる出来事が立て続けに起こった。四月には、イギリスのジョージ六世戴冠式にあわせて朝日新聞社の神風号が南回りコースで英国まで親善飛行を実施し、九四時間一七分五六秒の記録を達成した。神風とはいっても後にその代名詞となる体当たり攻撃とは無関係の飛行機である。神風号は、もとは陸軍の高速偵察機として三菱が開発したキ-15という飛行機で、後に九七式司令部偵察機として日中戦争から太平洋戦争にかけて使用された機体である。キ-15は速力に重点を置いて開発された機体で、空気抵抗を減らすために当時としてはきわめてスマートな外形を有していた。朝日の神風号は、その名称を公募によったこともあって、非常な人気を博した。

この親善飛行でも、いくつかの歌が作られた。北原白秋が作詞し朝日新聞社に寄せた〈遂げたり神風〉は、山田耕筰が作曲し中野忠晴の吹込によってコロムビアから発売された。そこには、新聞社による記録飛行であり親善飛行だったにもかかわらず、次に掲げるように、そこに国民的一体感が盛り込まれたのである。

遂げたり鵬程　東の神風

西へと勢へば　遮ぎる空なし
輝く銀翼　轟く爆音
今こそ仰げや　航空日本
享け享けこの声　飯沼塚越
涙ぞどよめく　同胞一億
（二番以下略）

とはいえこのときはまだ、挙国的な気分一色で染め上げられたわけではなかった。やはり神風号をとりあげたビクターの〈神風だから〉（作詞・豊坂のぼる、作曲・中山晋平、歌・小林千代子、波岡惣一郎）になると、次のように、小唄調のくだけた歌詞となっている。

恋のロンドン　花のパリ
男二十六　身だしなみ
着陸だから　それだから
髭もきれいに　剃って来た
（一番～三番省略）

剃って来た
待って待たれて　待たせたが
九十四時間　新記録
あの人だから　それだから
こんなスピードで　飛んで来た
飛んで来た

記録飛行の歌というより、逢引きのイメージを重ねた歌詞なのだが、それだけに、まだ全体主義的な空気は薄い。それでも、このような歌までが作られるほどだったというところに、全国的な神風号ブームの大きさがうかがえる。

だが間もなく日中戦争の勃発によって、歌の中の飛行機が、ミリタリズムや対外膨張のイメージをまとうようになる。

†軍歌の時代へ

神風号の興奮から三カ月後には、盧溝橋事件と第二次上海事変によって、日中戦争がはじまった。八月中旬には、九州や済州島、台湾の基地から海軍の三菱九六式陸上攻撃機を用いて南京や上海近郊などに対する攻撃がおこなわれ、それは「渡洋爆撃」の名をもって大きく報道される。それ以降、航空部隊の活躍はことあるごとに報道されコンテンツ化され、国内の航空熱を大きく煽り立てることになっていく。

日中戦争は、レコード業界に再び軍歌ブームを引き起こした。満州事変の頃のブームと違うものがあるとすれば、一九三四（昭和九）年の出版法改正によってレコードに対する検閲が法的根拠を持ったことと、しかもその検閲が、一九三六年から内閲方式をとるようになっていたことである。詳しくはレコード研究の本に委ねるとして、簡単にいえば、事前検閲によって、より国家の方針に副ったレコード音楽が生み出されることを意味していた。もちろんレコード会社にとっては商売に他ならないから、国策を逆手に取ったような製品を出さなくもなかったが、大勢としては、国の方針に従うかたちで娯楽性を追求することになったのである。

また、第一次近衛内閣により開始された国民精神総動員運動の影響も挙げねばならないだろう。これはおよそ成功したとはいいがたい官製運動であるが、「挙国一致、尽忠報国、堅忍持久」のスローガンをメディアが無視するわけにはいかず、人びとの精神的活動を大きく縛ることになった。

このような状況のもとで制作されたレコードは、日中戦争以降は規模の大きい航空作戦がしばしばおこなわれたこともあって、軍用機が登場するものも多い。

日中戦争初期に作られた歌としては、まず南京陥落前に作られた〈出征歓送の歌〉（作詞・佐伯孝夫、作曲・中山晋平、歌、日本ビクター合唱団）に触れておきたい。明るいメジャー・コードにのって「ぶっ懲らせ／ぶっ懲らせ／不義の敵　ぶっ懲らせ」と歌いだすという物騒で剣呑な歌なのだが、その四番が

ぶっ懲らせ
ぶっ懲らせ
不義の敵　ぶっ懲らせ
空襲　爆撃　天地も轟《とどろ》
空から陸へ　陸から海へ
響く凱歌の　勇ましさ

となっている。かつて風俗の尖端を行った飛行機は、中国大陸に振り下ろされる「正義の刃」（とはいっても日本の侵略行為に他ならないのだが）の象徴となってしまった。

国が戦えば、戦死者が出てくる。飛行機は、「正義」に殉じた者の棺ともなった。海軍航空

隊によって実施された上海・南京方面に対する渡洋爆撃の際、被弾して墜落する機体からハンカチを振って僚機に別れを告げたという梅林孝次中尉のエピソードをもとに、西條八十《さいじようやそ》が作詞し江口夜詩《えぐちよし》が作曲した〈あゝ梅林中尉〉（歌・霧島昇）。またその翌年には、南昌方面の空中戦で戦死した南郷茂章大尉（戦死後、少佐に昇進）を讃える内容の作詞を海軍軍事普及部の松島慶三中佐がいくつか手掛け、〈嗚呼南郷少佐〉（作曲・佐々木俊一、歌・徳山璉）はビクターから、また〈噫南郷少佐〉（作曲・海軍軍楽隊）はポリドール（演奏ならびに歌・海軍軍楽隊）、ならびにアサヒレコード（歌・アサヒ合唱隊）から発売された。

もちろん戦死者を歌った曲は古くからあるが、この時期の特徴としては、ポップカルチャーとして素早く、かつ多く作られた点にあるだろう。いうなれば、戦死者のコンテンツ化である。

そのほか一九三八（昭和一三）年の発売で有名な曲としては、「見たか銀翼　この勇姿」で始まる、東辰三《あずまたつみ》の作詞作曲による〈荒鷲の歌〉を挙げておきたい。東京リーダー・ターフェル・フェラインの吹込みでレコード化された（発売・ビクター）この歌は、三番の「金波銀波の　海越えて」でうかがえるように、日中戦争初期の渡洋爆撃がモチーフとして使われた。〈荒鷲の歌〉は、その後アジア・太平洋戦争を通して吹込みとプレスが繰り返されたが、二番で歌われている「重い爆弾　抱えこみ／南京ぐらいはひとまたぎ」が、後には「重慶ぐらいはひとまたぎ」となり、一九四四年頃になると、「ニューヨークロンドンひとまたぎ」というバージョンまで出た。もちろん日本軍はニューヨークやロンドンは空襲していない。するだけの実力がそもそもなかった。ここまでくると、よくてカラ元気という他ない。仮に願望の現出だとしても、できもしないことを臆面もなく出しているのをいま聴くと、曲が明るいだけに自棄のやんぱちというか、かえって敗色の濃さを感じてしまうのである。

†国策と報道と飛行機

言論の自由が奪われつつある中にあったとはいえ、新聞やラジオといった報道もまた日本を戦争に導いたということについては、今日ではよく知られているところである。そこでも飛行機は活躍した。先ほど述べたように、日本の新聞社は取材や通信のために飛行機を所有しているところもあったが、それは戦時下でも変わらない。それどころか軍の要務すらも担うことがあり、そのためもあってか、国民に対しては機密として細部の詳細を知らされなかった、第一線で用いられる軍用機までが新聞社に提供されるほどであった。

こうしたことは、報道による戦争協力と、それに対する軍の見返りといえばまったくそのとおりであって、戦争遂行における官民の一致協力ぶりがはっきりと現れた局面である。しかも報道と軍の馴れ合いはそればかりではない。朝日新聞社は日中戦争の勃発直後から寄付金を募るかたちによる軍用機の献納運動を主催し、集まった募金に相当する多数の軍用機が、全日本号という名で陸海軍に寄贈された。これは、戦争協力を求める軍と、戦争に協力しようという民を新聞社が橋渡しした例として、社会的に記憶されるべきことであろう。

新聞社が戦争協力の姿勢をことほど左様に強く見せれば、それは当然ながら歌にも現れた。P.C.L.（のち東宝に合併）が一九三七年に製作した映画『北支の空を衝く』は、朝日新聞社と陸軍省が手を結んだ、従軍記者を主人公とする映画である。この映画では〈決死のニュース〉（作詞・佐藤惣之助、作曲・江口夜詩、歌・松平晃、コロムビア）という歌が作られたが、「銃はとらねど　戦線翔けて／行くは北支の空の上／僕も戦士だ　従軍記者だ／ペンを剣に敵を衝く」（一番）という詞がはしなくも示しているように、戦線取材を飛行機の上からおこなう記者の目線が、報道機関としての中立性を欠片も持たないかたちで表された。

取材する方が一方的に日本軍に肩入れするのであるから、される方もまた期待を込めて記者と新聞を見るように描かれる。〈前進〉（作詞作曲・東辰三、歌・藤原義江、ビクター、一九三八年）では、地上を行く将兵の目線で、新聞社の飛行機が次のように表現される。

今日も又会ふ　飛行機は
報道任務の　単葉機
銃後はどんなか　大丈夫か

四方山聞きたく　仰ぎ見る

軍と民の橋渡しをする報道機関は、同時に前線と銃後とを橋渡しする立場としても、表現の上でこのように飛行機の姿を借りるかたちで理想化されていた。しかもそのことを、当時多くの日本人は、とくに変だとも思わなかったのである。

新聞の戦争協力は、今日では反省的に顧みられている。しかしそれでも、戦争と新聞がいま見たように分かちがたい関係を築き保っていたことは、繰り返し話をすべきであろう。

戦争を「敵」と「味方」に分けて報じるとき、たとえ新聞社の飛行機といえども、そこから見える世界は、軍用機のそれと変わらなくなる。そして報道の視点は、その戦争を見る民衆の視点をも形づくる。

†世界に羽ばたくニッポンから「空の帝国」の終焉へ

日中戦争を解決するめどが立たなくなった中、東日・大毎新聞社は、世界一周親善飛行を企画する。東日・大毎は、日中戦争で使用されている海軍の九六式陸上攻撃機のうち、まだ三菱の生産ライン上にあった機体を譲り受けて、この企画に使用することになった。

機体の愛称は、「ニッポン」と名づけられた。一九三九年に実施されたニッポン号の世界一周飛行は、これを記念する歌も公募され、四万五二〇三通の応募があったという。そのなかから掛川俊夫による作品が選ばれ、東京音楽学校の教授でもあった橋本國彦が曲をつけて、徳山《とくやま》璉《たまき》、波岡惣一郎、四家文子、中村淑子の吹込みによりビクターから発売された（図3-1）。次に掲げる、〈世界一周大飛行の歌〉がそれである。

国をうづめた　日の丸の
　歓呼の中に　羽搏いて
わがニッポンは　まっしぐら
六万キロの　空を飛ぶ
　空を飛ぶ

広い海原　雲の峰
越えつゝめぐる　五大洲
わがニッポンは　たくましい
つばさで強く　抱くのだ
抱くのだ

すさぶ吹雪と　熱風の
　大洋ふたつ　飛び越えて
　わがニッポンの　行くかなた
　大空晴れて　虹を呼ぶ
　虹を呼ぶ

遠く故国を　幾千里
　異郷に暮らす　同胞も
　わがニッポンを　仰ぎ見て
「君が代」たかく　歌ふのだ
　歌ふのだ

銀の翼に　陽をうけて
　世界を結ぶ　この使命
　わがニッポンは　高らかに

かちどきあげて　帰るのだ
帰るのだ

もはや親善飛行とは思えない歌詞である。ニッポン号には、明らかに国家としての日本が仮託されており（飛行機の名に「ニッポン」という名称を選んだことからも、その意図は明らかであろう）、一連目は冒頭から挙国ムードが二重にかもし出されている。二連目の「つばさで強く抱くのだ」というレトリックは、我が物にするという意味を拭いきれない。三連目は、国家としての前途が開けるイメージ、四連目では国家への強い帰属、そして五連目では、親善飛行であるにもかかわらず、「かちどき」があげられる。五連のうち三連までが断定の助動詞「だ」で締められているため、決意表明のような力強さがある。

ここにはもはや、一九三〇年前後の〈尖端的だわね〉や〈ナンセンス小唄〉に歌われたような、平和的で色恋を取り持つような意味はない。

この世界一周飛行は、八月二六日から一〇月二〇日にかけておこなわれた。一行がシアトルに滞在していた九月一

図3-1　〈世界一周大飛行の歌〉

日、ドイツ軍がポーランドへの侵攻を開始し、第二次世界大戦が勃発した。そのためニッポン号はロンドンやベルリンを訪問する予定を切り上げ、ローマからはロードス島を経てバスラ、カラチ、カルカッタと、東回りで帰国することになった。

親善飛行の予定が第二次世界大戦の影響によって変更を余儀なくされたと書けば、平和的な活動が戦争によって邪魔をされたかのようにも見える。しかしニッポン号が東京を出発する三日前にも、そして出発した後も、「ニッポン」号のもととなった九六式陸上攻撃機は重慶を爆撃し続けていたのである。気象条件の悪化で一〇月七日の爆撃がこの年最後となったが、それはニッポン号がカサブランカにあった日のことである。世界をまわる親善の翼は、同時に空から恐怖を振りまく戦いの翼でもあった。

その後、「明けりゃ上海　日暮にゃ羽田」「エアーメールは南京だより」という占領地交通が歌い込まれた〈パイロット小唄〉（作詞・岩間貞二郎、作曲・陸奥明、歌・美ち奴、テイチク）が発売された二か月後には太平洋戦争が開始され、空や飛行機をモチーフとした歌はいわゆる戦時歌謡、つまり軍歌ばかりになっていく。

空にまつわる軍歌をいちいち挙げていてはきりがないのでここでは省略するが、その内、一九四四年三月の新譜〈大航空の歌〉（作詞・西條八十、作曲・佐々木俊一）についてはここで触れておきたい。「見よ見よ大空に　荒鷲が」で始まるこの歌の三番は、「思へば天孫　降臨の／

空は御民《みたみ》の故郷《ふるさと》ぞ」と、日本神話を下敷きとして日本人が空から降りてきた神の末裔であることを謳った、いわば空の帝国を自認したものであった。だがこの時期、日本は航空消耗戦の末にラバウルから航空兵力を引き揚げ、ニューギニア戦線でも空陸ともに連合軍の圧力を受けて戦線を後退させていたのである。

やがてレコードの製造自体が物資欠乏によって不可能となり、一九四五年二月にニッチクが発売した『B29の爆音』をもって、戦時下日本のレコード製造は終焉を迎えたのである。ちなみに『B29の爆音』は音楽レコードではない。来襲するB－29の爆音を地上からとらえたもので、防空監視などで爆音を聴きわけるための資料として作成された（図3-2）。

図3-2 〈B29の爆音〉広告（西日本新聞、1945年3月11日）

飛行機は、それ自体が国力を示す表象となり、国家の行く手を切り開く存在となっていた。そういう意味では、B－29が日本人に見せつけた煌めきは、ニッポン号と同種のものであった。一九四四年の東京の、秋空を背景に描かれた飛行機雲と機体の輝きは、もうひとつの「空の帝国」であるアメリカが、その国力と戦争遂行の意思を、東京都民の頭上に見せつけたものであり、「空の帝国」を自認した日本が、アメリカに屈服した瞬間でもあったのである。

第四章　海野十三と防空小説

†海野十三に対する評価をめぐる問題

本章では、太平洋戦争より前の空襲の描かれ方について、海野十三を俎上にのせたい。

海野十三については、軍国主義者であった、いやそうではなく科学に対する情熱が強かったのだ、といった種の議論が過去から繰り返されてきた。だが筆者には、そのように科学と軍国主義を引き裂く必要がないように思われる。というのも、近代において科学は積極的に軍と結びつき、また自らを体制化していったという歴史があるのだから。そのことを念頭に置いた上で今日より一九三〇年代を顧みれば、科学に対する情熱を持った者が軍国主義者になっていたところでとくに不思議ではないだろう。海野十三をまがりなりにも科学小説の担い手であったとして評価するのであれば、科学に対する情熱や貢献を理由に軍国主義者ではないと見なすことは、戦時下の科学小説について、軍国主義と切り離すことによって免責することにつながってしまうだろう。

さて本論に入る前に、次の二点をまず確認しておきたい。

そもそも海野は、軍事冒険小説を書くにあたって「転向」を経験していない。彼が、赤化を疑われて検挙されたとか、そういった何かしらの圧力を受けたことから止むを得ず軍事ものを書くに至ったわけでないということは、まず確認しておきたい。

もうひとつ確認しておきたいのは、近未来の日本の戦争というテーマは、海野以前から書かれていたという事実である。海軍軍人だった水野広徳《みずのひろのり》は、日露戦争における海軍を書いてベストセラーとなった『此一戦』の後、『次の一戦』（一九一四年）で将来の日米戦における日本艦隊全滅を描き軍備増強の必要性を訴えた。水野はその後も、思想面で変化を見せながら、未来戦を書くことになる。また数々の交際術や利殖法を著した樋口麗陽《ひぐちれいよう》は、日独の未来戦記として『独逸の日本侵入』（一九一八）を書き、続いて一九二〇（大正九）年に『日米戦争未来記』を、さらにその翌年には『果然日米〇〇』（〇〇に入る文字は「戦争」であろう）を著した。少年少女向けも含めれば、枚挙にいとまがないほどである。

この二点を踏まえれば、海野が軍事ものを書きはじめた姿勢について述べるときに、時流に抗し得ずとか、やむを得ずといった飾り言葉が不要なことはおわかりいただけると思う。海野にとっては、物語の分野として先行する書き手のいる中に自身も飛び込んだという、それだけのことだったはずである。

第一次世界大戦で航空機が飛躍的な進歩を遂げ、またパリやロンドンがドイツ軍による空襲を受けていたこともあって、戦間期には、空襲の脅威はすでに現実味を帯びていた。日本においても、一九二〇年代から四〇年代にかけて、防空をテーマとする本が多数刊行された。海野十三の防空小説は、あえていえばその一部に過ぎない。

つまり近未来戦の物語としても、また防空をテーマにしたという点でも、海野十三が先駆的地位にあったとは言いがたいのである。これは別の言い方をすれば、海野十三の小説を通せば、当時の空襲観を見ることができることになる。

ここでは、海野十三という一人の小説家に対して与えられた評価を問題として、彼が防空小説を書いたことの意味をあらためてとらえ直してみたい。

†「防空小説」の担い手、海野十三

ここで、海野十三がどのような防空小説を書いたのか、いくつか拾い上げておくことにする。

まず、一九三二（昭和七）年に博文館より刊行された『爆撃下の帝都』。同書の自序によれば、あるとき雑誌『朝日』（博文館）の編集部より、帝都が爆撃されたらどんなになるかを小説に書いてもらいたいという依頼を受けたことがきっかけとなって防空小説を書くことになったという（掲載は同年五月号〜九月号。原題「空襲葬送曲」）。それを機に海野は軍関係者に知遇

を得て、その後、帝都空襲をモチーフとするいくつかの作品を書くことになる。このとき陸軍の関係者からいくつものヒントをもらったというから、この作品については、幾ばくかでも陸軍の考えが反映されたものと捉えても、さほど見当外れではないだろう。海野は『爆撃下の帝都』刊行の際に、東京警備司令部参謀長の座にあった陸軍少将島省三から序文を贈られている。

この『爆撃下の帝都』は、長編である。浅草ののどかな家庭、日米開戦、非常管制下に置かれた東京の混乱と通敵者の暗躍、探偵の活躍、米国空軍の空襲、誘拐された博士の救出と、博士の発明になる怪光線による戦局逆転などと、場面は盛りだくさんである。そして物語は、家族の大半を喪ったヒロインによる、日本の勝利を告げ、防空問題に対する国民の理解が必要だと主張するラジオ放送により締めくくられる。

また一九三三(昭和八)年には、新潮社の雑誌『日の出』四月号の付録として「空襲下の日本」と題する短編を書いた。これは予備士官、アメリカ軍人、少年兵、高射砲隊の指揮官、空襲下の市民それぞれの会話を通して防空体制や予想される空襲の形態を説明するという内容のものである。フィクションではあるが、文学的感興には乏しい。

少年向けとしては、一九三六(昭和一一)年に『少年倶楽部』(講談社)七月号付録として「空襲警報」を発表している。夏休みを直江津の義兄宅で過ごしている中学生が、S国(と国名がぼかされてはいるが、ソ連である)との突然の開戦により、東京に戻って大人たちと防護活動をおこなうという内容で、スパイ、流言、毒ガス、空襲火災に対する注意を呼び起こすものとなっている。海野の防空ものの中では、小説としてよくまとまっているものである。

日中戦争勃発後は、一九三八（昭和一三）年に雑誌『キング』（講談社）六月号に、「敵機大襲来」が掲載されている。これは東京を空襲するソビエト軍人の視点で書かれたものだが、いかにも邪な人物描写が多く、海野のソビエト・ロシアに対する強い偏見を感じさせる。なお海野によれば、「敵機大襲来」はもともと「東京空爆」という題名であり、単行本への収載にあたって原題に戻して表題作となったという。

海野は多くの軍事小説を手がけており、防空や空襲をテーマにしたものは他にもあるが、東京空襲と防空を主題とした作品として、ここではひとまず『爆撃下の帝都』、『空襲警報』、『敵機大襲来（東京空爆）』の三作品について触れることにする。

†橋本哲男による評価の問題

毎日新聞学芸部の記者だった橋本哲男は、海野十三について次のように評した。

戦前から戦後にかけ、たくさんの空想科学小説を書いた作家・海野十三は、一種の〝予言者〟でもあった。

昭和十三年、彼は「東京空爆」という小説を書き、その中でつぎのように述べている。

「日本の建築は紙よりも燃えやすいのだ。二トンか三トンの焼夷弾で、二時間以内に完全に焼け落ちてしまう。防空の点においては、南京や広東の方が数十倍上等である」

また、

「東京の市民たちは防空演習はやったことがあるが、空襲は一度も経験したことがない。彼らは自分の町が焼け、自分の寝床が煙になり、愛する家族たちがノドをかきむしって死んでゆく恐ろしい光景を、初めて見るのだ。ことにシナ戦争に勝って心がおごっている時だから、油断があると思う。危うし、七百万の東京市民！」

（中略）

勝った、勝ったという勇ましい軍部の宣伝にあけくれていた当時、たとい小説でも、こういうことを書くのは勇気が必要だったろう。（「愛と悲しみの祖国に」『海野十三敗戦日記』）

橋本のこの評には、重大な問題がある。第一に空襲の危険性そのものについて、ほかならぬ軍部が宣伝に努めていた事実を無視している。第二に、海野を「予言者」とすることによって、この種の防空をテーマとしたものが他にもさかんに書かれ出版された事情をなかったことにしている。というよりもむしろ、こういうことを書かないことこそ勇気を必要としかねない状況に入りつつあった時代の状況を転倒させているといえよう。第三に、橋本が引用したカギカッコの言葉は、「敵」の残虐性を示す演出としても用いられたことを切り捨てたうえで、改変もおこなわれている。

ここに引用した文章のうち、「東京の市民たちは防空演習はやったことがあるが(中略)。危うし、七百万の東京市民！」という言葉が実際にどのように表現されていたのか、その場面を「東京空爆」から抜き出してみる。なおこれは、東京上空に進入しようとするソ連軍爆撃機内部におけるやりとりとして書かれたものである。

「サベリン少佐、今夜われ〳〵は、完全に東京市民——いや日本国民の戦意を阻喪させることができるだらう。」

「もちろんですとも。日本の建築は、紙よりも燃えやすいのです。二トンか三トンの焼夷弾で、二時間以内に完全に焼け落ちてしまひます。そこへ毒瓦斯がゆきますから、マスクの用意のない市民は、たとへ焼け死ぬことから脱れても、瓦斯にやられてしまひます。防空の点においては、南京や広東の方が数十倍上等ですからね。」

ポポーニン将軍は、鼻の上の眼鏡をゆすぶりあげて、会心の笑みをうかべた。

「——それに空襲の要諦は、処女地を狙ひ、最も大規模の空襲を敢行するのにある。東京の市民たちは、防空演習をやつたことがあるが、まだ一度も空襲を経験したことがない。彼等は自分の町が焼け、自分の寝床が煙になつてしまひ、そして愛する家族たちが順々に咽喉をひつかきながら死んでゆく恐ろしい光景を、始めて見るのだ。殊に、支那戦争に勝つて、心が奢つてゐる時だから、それだけに油断もしてゐるだらう。ソ連の空軍をあの無力な支那の空軍と同一視してゐないまでも、まさかそれほどひどくやつつけられるものとは思つてゐないだらうからなあ。」

将軍の自信にみちた言葉は、戦ひの前、もうすでに東京市民を皆殺しにしてゐるやうにひびいた。

危し、七百万の東京市民！

これは第一に、危機感を強め物語を盛り上げるための表現である（説明調で、会話としてはぎこちないという問題は、ここでは触れない）。また、首都は敵からどのように狙われているかという描写でもある。そこには　東京を空襲しようとする「敵」の残虐性を強調する意味もあったかもしれない。さらに大事なことを付け加えれば、焼夷弾と毒ガスの脅威は、当時、防空業務の任に当たる当局もこれ宣伝に努めていたものであった。公認されていた危機を、敵の軍人に代弁させせた表現なのである。

書くのに勇気が必要などころか、間違いなくこれは、軍当局の意向に沿った内容である。橋本哲男は、むしろ海野の、軍や国家に対するシンパシーを読み取るべきではなかったか。

†海野自身が熱をこめた「警告」

海野自身は「東京空爆」の単行本化にあたり、巻末で「空の警告小説」と記した。この点について、海野自身が書いた文章を次に掲げる。

　これは僕が特にわが国民に読んでいただきたい空の警告小説である。僕は片手で自分の脈をおさへながら、これを書いた。そのときの僕の脈は、平時よりも三十パーセントがた多くうつてゐた。それほど僕は、ペンの先に熱血をあつめてこれを書き放した。あとで読みかへしてみて、まずある程度僕の思つてゐたところが書きあらはせたやうに思つた。しかしすこし薬が利きすぎたやうにも感じられ、「キング」のやうなところではきつとこの原稿をかへしてくるであらうとその心算でゐたところ、そのまま掲載されたので、僕はたいへん不思議な気がした。今でもやはり不思議でならない。
　だが忌憚なくいへば、「キング」などはこの際自ら進んでこの種の小説をもつと〳〵盛んに掲載し、戦時下の国民を強く指導すべきではないかと思ふ。(「作者の言葉」『東京空爆』)

次に比較の意味で、橋本が「愛と悲しみの祖国に」に引用した文書を掲げる。

これは僕が特にわが国民に読んでいただきたい空の警告小説である。僕は片手で自分の脈をおさえながら、これを書いた。そのときの僕の脈は、平時よりも三〇パーセントがた多く打っていた。あとで読み返してみて、まずある程度僕の思っていたところが書きあらわせたように思った。(後略)

橋本は、このように引用して、『『キング』も、やはりこの小説を〝近代戦への警告〟として、掲載したのではなかろうか」と書いた。そして、この小説が大本営海軍報道部第一課長の平出《ひらいで》英夫《ひでお》大佐の目にとまり、呼びつけられて、帝都上空には敵機は一機も入れないのだとどなりつけられ、その軍人特有の偏狭さに海野が残念がったとする逸話を紹介する。

しかしそこには、重大と思われる作為がひそんでいた。彼は引用の際に、オリジナルにあった「それほど僕は、ペンの先に熱血をあつめてこれを書き放した。」という個所を削除していたのである。

脈を多く打っていたという表現は（それ自体でき過ぎていて、海野の創作ではないかと思うが）、もし熱血をもって書いたとすれば意味がまったく違ってこよう。海野は、自分の表現（空襲がもたらす惨禍）に慄いて脈を増やしたのではない。むしろ血をたぎらせて書いた。海野自身が書いたように、「戦時下の国民を強く指導」するための警告に対する熱情だったのである。

また、平出大佐の怒りについても、そのことで海野が「軍人特有」のものとして、その偏狭さを感じる必要はあまりないといえそうだ。というのも彼は、先ほど述べたように、陸軍の後押しを受けられた作家だったからである。もし偏狭さを本当に感じたとしたのであれば、それは「軍人特有」のものとしてではなく、平出個人に向けられた感想ではなかっただろうか。

なお「東京空爆」は、日本軍の反撃を受けたソ連軍爆撃部隊が惨憺たる損害を蒙り、しかも、このとき爆撃されたのは偽装都市であって帝都は安泰だった（ただし、犠牲となった小都市では死者も出ている）というオチを迎えて次のように結ばれる。

油断は大敵だ。
敵はいつまた第二回の東京空襲を決行しないともかぎらない。
大空は明けつ放し同様である。
雨具ならぬ防空装備をもたずして、いまや日本国民は一日たりとも安閑として暮らすことができない現状にあるのだ。

小説の結語というよりは、まるでアジテーションである。

†関東大震災と海野十三

橋本哲男が防空小説の執筆という事実をもって海野を予言者にたとえたことは、先に書いた。しかし筆者には、予言というよりも、むしろ過去の経験を下敷きに著したように思われる。というのも海野は、浅草の今戸に住んでいた時に関東大震災に遭い、焼け出されるという経験をしているのである。

海野は、『科学ペン』(科学ペン社)一九三七年一二月号に、「寺田先生と僕」というタイトルのエッセイを本名である佐野昌一の名義で寄せている。そこでは、新聞で寺田寅彦が震災の証言を募集していることを知り、「浅草の今戸に居て、九月一日の午後五時ごろに自宅全焼の憂目に遭ひ、しかもその一時間ほど前には、もう生命もこれでお仕舞ひだわいと悲壮な覚悟をしなければならなかつたほどの大旋風にも襲はれたので」、そのときの体験を寺田に送ったと書いている。

海野が寺田寅彦に送ったという震災体験は、『震災予防調査会報告　第百号(戊)』に寺田が書いた「大正十二年九月一日二日ノ旋風ニ就テ」で確認できる。同書の二〇〇〜二〇一ページに掲載されたそれは、たしかに「今戸一二六佐野昌一氏書信ニヨル」で始まり、周囲でさかんに火の手が上がっていたことや、竜巻のような旋風を見たことが記されている。東京市火災動態地図を見ると、今戸は隅田川対岸からの飛び火も含めて、周囲から来る火流が夕刻に合流するような位置にあり、火に囲まれて修羅場となったことは容易に想像できる。

震災予防調査会の臨時委員であった緒方惟一郎《おがたゆいいちろう》は、火災に追われた群衆について、次のように描写している。

> 市内諸所一時ニ黒煙濛々トシテ揚リ出火ノ発生相踵ギシニモ拘ラズ家財ニ執着、容易ニ身ヲ以テ避難ノ途ニ出ルコトナク躊躇逡巡遂ニ其ノ時期ヲ逸シ紅蓮腹背ニ迫リテ始メテ血路ヲ求メントスルモ時既ニ路上ニハ避難ノ群衆雪崩レノ如ク、搬出家財亦狼藉散乱シテ容易ニ進ム能ハズ、而モ一度跪キ倒ルレバ津浪ノ如キ人ノ流ニ蹂躙セラレテ惨死アルノミ、交通輻輳渋滞諸橋梁焼毀墜落血路閉塞ノ為メ焼死溺死スルモノ算ナク、路上河中死屍累々トシテ亦正視スルニ忍ビザリキ。（「関東大地震ニ因レル東京大火災」『震災予防調査会報告　第百号（戊）別綴』）

海野の防空小説では、群衆はどのように表現されているだろうか。『爆撃下の帝都』を例にとれば、逃げ惑う避難民の混乱するさまが次のように書き表されている。

呻きつつ、喚きつつ、どツどツと流れてゆく真黒の、大群衆だった。

彼等は、大きなベルトの上に乗りでもしたやうに、同じ速さで、どツどツと流れてゆくのだつた。

『やつと、新宿だツ。』

誰かが、隊の中から、叫んだ。

『甲州街道だツ。もつと早く歩けツ！』

『中野の電信隊を通りぬけるまでは、安心ならないぞオ！』

嗄れた、空虚な叫喚が、暗闇の中に、ぶつかり合つた。

群衆の半数を占める女達は、疲労と恐怖とで、なんにも口が利けないのだつた。唯、母親の背で、赤ん坊が、ヒイ〳〵と絶え入りさうな悲鳴をあげてゐた。

また『空襲警報』では、主人公が見た避難民の様子が次のように表現される。

狭い路上には、どこから持ちだしてきたのか車にぎつしりと積んだ荷物が、あとからあとへと続いてゐた。（中略）どこから飛んできたのか火の子が荷物の上でパツと燃えだしたので、さわぎは更にひどくなつた。

『オイ、女子供がゐるんだ……押しちや、怪我する。あれこの人は……』

『さあ、逃げないと生命がたいへんだ。どけ、どかぬか……』

『うわーツ。』

蜂の巣をついたやうなさわぎになつた。さうさわぎだしては、助かるものも、助からない。群衆は、ただわけもなくあわて、わけもなく争ひ、真暗な街道には、あさましくも同士うちの惨死者が刻々ふえていつた。

緒方惟一郎が書いた様子との類似性に着目したい。もちろんそれは、海野が緒方を真似たという意味ではなく、震災体験としての共通性に注意したいという意味である。

多くの批評家は、海野の防空小説における群衆の混乱について、単に空襲下を描写したものとしてのみ理解してきた。だから彼らは、一九三〇年代の海野が、一九四五年の惨禍を「予言」「警告」したものと捉えてしまったのであろう。だがこれらの描写は、むしろ自身の関東大震災における体験を下敷きとして書かれたものであり、一九二三年の出来事を近未来の戦争に敷衍した災害描写というべきものなのである。

だとすれば海野は、軍や東京府、東京市が防空活動の指針として制定した「非常変災要務規約」と背景を共有していたことになろう。一九三〇（昭和五）年に制定された「非常変災要務規約」は東京警備司令部、東京憲兵隊、警視庁、東京府庁、東京市役所の協議によるもので、そこには、関東大震災の被害と混乱が踏まえられていたという事情がある。そういう意味で海野の姿勢については、震災を教訓的に利用しようとした当局と一致していたことを指摘しておきたい。

海野は、一九四五年三月一三日の日記に、「十日未明の大空襲で、東京は焼死、水死体がたいへん多く、震災のときと同じことをくりかえしたらしい」と記した。震災体験を下敷きに空襲を語るという彼の姿勢は、このときまで持ち続けられたわけである。

†流言と「スパイ」

浅草の今戸で罹災した海野が、流言（デマ）とその問題をまったく知らなかったとは考えにくい。というのも、ここで再び緒方惟一郎の言葉を借りれば、被災地および避難民の間では、次に述べるような状況が起きていたからである。

未曾有ノ震火災ニ極度ノ恐怖不安ニ襲ハレシ市民ハ二日ニ至リ更ニ諸種ノ流言浮説ニ脅威セラレツツアリ、一層ノ混乱状態ニ陥リ（中略）市内ノ火災全ク顛滅ニ帰セシ後ト雖モ容易ニ冷静ニ帰ルベクモ非ズ（「関東大地震ニ因レル東京大火災」）

ところで海野は、探偵小説で売り出し、防空小説に限らずスパイの出てくる軍事小説も多く手掛けた。スパイは、外国人という設定もあれば、日本人ということもある。『爆撃下の帝都』では「戦争否定主義」者が放送局を占拠、警戒解除の偽放送をおこなって灯火管制を妨害し敵の賞金にありつこうとする。その際の戦闘を描いた章の見出しは、「咄！　売国奴」である。反戦はここで、敵への内通として扱われている。軍部や戦争への非協力が悪者として仕立てられる点にも注意しておきたい。

「戦争否定主義」者は、次のように扇動をおこない、暴徒を編成したと描かれている。

『××人が本当に暴れだしたぞオ。』
『東京市民は、愚図々々してゐると、毒瓦斯で、全滅するぞ。兵営に、防毒マスクが、沢山貯蔵されてゐるから、押駆けろッ。』
『デパートを襲撃して、吾等の払つた利益をとりかへせ。』

『国防力がないのなら、戦争を中止しろッ。』

『放送局を占領しろッ。』

などと、さまざまな、不穏アジが、街頭に流布された。

警官隊も、青年団も、敵機の帝都爆撃にばかり、注意力が向いてゐて、暴徒が芽をだしはじめたときに、早速刈りとることに気がつかなかつた。


××人と伏字になっている箇所には、おそらく「朝鮮」が入るのだろうと思われる。関東大震災で流れたデマを、海野も聞いていたことがうかがえる表現である。それに続けて、労働運動や反戦運動において見られたであろうアジテーションが改変されたうえで織り込まれ、「不穏アジ」としてひとくくりにされている。それぞれの「アジ」は、物語で借用できるくらいには、リアリスティックに感じられたものなのだろう。その使い方には、海野の思想と計算が見てとれる。労働運動や社会主義、そして反戦は、海野の思想とはおそらく正反対のものだった。そして、むしろ敵視することによって、通俗小説として支持を受けることができた。そのように書くことで読者を獲得できるという計算も可能であったろう。というのも、あるいは、満洲事変や上海事変の後の社会では、軍事ものが一躍ブームとなったから。

ちなみに念のため付け加えれば、関東大震災では多数の朝鮮人がデマにもとづいて虐殺されたばかりでなく、官憲の手によって、無政府主義者、社会主義者、労働運動家およびそれらの関係者も殺されている（甘粕事件、亀戸事件）。

海野の視界には、震災で無念にも殺された人びとの姿が入っていない。

なお『爆撃下の帝都』ではまた、日本軍の司令官が偽者にすり替わっていたというシークエンスもある。その偽者の正体は中国人で、赤ん坊のうちにGPU（ゲーペーウー、ソ連の秘密警察）によって拾われて日本人として育てられつつ「恐ろしい思想」を吹き込まれた、「悪魔の生まれ代り」のようになった工作員だと説明される。そこには海野の、他民族に対する蔑視もうかがえる。

†『空襲警報』に見るスパイと井戸

次に、『空襲警報』を取り上げよう（図4-1）。

東京の五反田に住む主人公の少年は中学生で、名を旗男という。彼の義兄である川村国彦は陸軍中尉で、直江津に住んでおり、新潟県高田の高射砲隊に勤務している。夏休みを義兄の家で過ごしていた旗男は、ある日、怪しいバタ屋を目にした。バタ屋は井戸に何かを投げ入れるが、飛び出してきた川村中尉に取り押さえられ、もみ合ううちに取り出した拳銃で自分を撃ってしまい、絶命する。そのバタ屋は見た目こそ東洋人であるものの、実はS国のスパイだった。

図 4-1　「空襲警報」

このような出だしで始まる物語は、川村中尉に対する非常呼集、旗男の帰京、信越本線乗車中に経験する毒ガス攻撃とそれに対する防護、帰り着いた東京・五反田における空襲とそれに対する防護活動によって、敵の空襲企図を住民総動員の活動で挫くという筋立てになっている。

さて、バタ屋の扮装をしたスパイは、主人公の、軍人である義兄宅で井戸になにものかを投入した後、主人公と義兄によって倒される。駆け付けた警官と共にスパイの死体を調べていた義兄の川村国彦中尉は、とあるものを発見する。

『……ああ、あつた。これだッ。』

国彦中尉が叫んだ。そして懐中電灯の光でてらしだしたのは、死人の腹に巻いてある幅の広い帯革であつた。それには猟銃の薬莢を並べたやうに、たくさんの小さなポケットがついてゐた。しかし中尉がそのポケットから取りだしたものは、猟銃の薬莢ではなく、注射液を入れたやうな小さい茶色の硝子筒だつた。それには小さいレッテルが貼つてあり、赤インキで何か外国語がしたためてあつた。

『ほう、コレラ菌ですよ。……』

国彦中尉は、警官の鼻の先に、その茶色の硝子筒をさしつけながらいつた。

健康を害する何物かを井戸に入れるという話は、関東大震災で流布したデマを連想させる。それにしてもこのスパイは、変装までしておきながら、コレラ菌であることを示すレッテルが貼られたままのアンプルを携帯していたというのである。あたかも、見つけてくださいといわんばかりに。

さて、スパイを倒した後、旗男と川村中尉は、次のようなやり取りをする。

『義兄さん。あのコレラ菌を持つてゐたのはやはりスパイでせうか。』

『ウン、立派なスパイだ。日本に紛れこんで、秘密をさぐつては本国へ知らせるスパイもあれば、あんなふうに、日本に対してぢかに危害を加へるスパイもある。』

『いまのスパイはS国人ですか。』

『いや違ふ。東洋人だつたよ。日本人か、他の国の人間か、いまに警察と憲兵隊との協力で分かるだらう。とにかくS国人に使はれているやつさ。』

『日本人だつたら、僕は憤慨するなあ。しかしS国といふのは悪魔のやうなことを平気でやる国ですね。』

ソ連を思わせる描写は地名その他で他にも出てくる。しかし『空襲警報』が刊行されたこの頃、旗男のセリフに出てくる「悪魔のやうなこと」＝細菌戦は、その準備に他ならぬ日本陸軍が満洲においてすでに着手していた。後の関東軍防疫給水部、現在では七三一部隊の名で知られる組織である。もちろん海野はそのようなことを知る由もない。皮肉なことに歴史は、ここに書かれたソ連に対する悪魔視が、そのまま日本に返ってくるような展開となった。その後の日中戦争で、日本軍が細菌戦を実施したのである。

その後、東京の五反田に戻った旗男は、在郷軍人を中心に結成された防護団の大人たちとともに、灯火管制や空襲火災の鎮圧などで活躍する。そして町内も被弾したものの、大きな被害をどうにか食い止めた。だがそのとき、情報が寸断されたなかにあって、大きな不安を掻き立てられる言葉を耳にする。

そのとき一台の自動車がやつて来て、中から見なれない背広服の男がおりて来た。そして天幕の方へツカツカと寄つてくるなり、
『……皆さん、大変ですよ。いま暴動が起つてゐる。下谷、浅草、本所、深川、城東、向島、江戸川などの方から数万の暴徒が隊を組んでやつて来る。帝都を守れなかつた防護団

員を皆殺しにするのだといつてゐる。早く逃げないと、皆さんは殺されちまひますよ……。』

このことを聞いた五反田の防護団員たちは不安にとらわれ、途方にくれた。だが旗男は、持っていた電池式のラジオでそれがウソであること、そしてS国空襲部隊は壊滅したことを知る。そしてちょうどそこに、姉の消息を確かめに行っていた友人が戻って来た。

『ねえ兼ちゃん。向かふで皆を集めてしやべつてゐる背広男がゐるだらう。あいつけしからん流言を放つてゐるのだよ。』

『どれ〳〵。あッ、あいつだ。あいつはスパイだよ。さつき丸の内でも、暴徒が品川の方から数万人も押しよせてくるから逃げろといつてゐた。防護団の人達が捕らへようとすると逃げだした。あいつはお尋者なんだ。』

『さうか。そんなひどい奴か。ラヂオや電話が切れたと思つて、市民の心を乱してゆかうといふのだな。よオし、ぢやあ兼ちゃんと二人して、あの悪漢を捕へてやらうぢやないか。』

こうして二人は背広男を捕まえて、「ああ遂に、帝都は救はれた。大日本帝国の危機は遂に救はれたのだ」と海野は書く。

流言を利敵行為としてとらえ、そのうえで井戸にコレラ菌を投げ入れるという事件を起こしてみせる海野の筆からは、震災で暴力の対象とされた人びとに寄り添う姿勢どころか、そのことに対する一掬の涙すらも感じられない。

旗男が、自分の倒したスパイに向けた「日本人だつたら、僕は憤慨するなあ」というセリフは、未来の日本人たる少年に対して、海野が示してみせた一つの規範である。そこで求められるのは井戸に何かを投げ入れてはいけないという善悪の単純な線引きではなく、日本人なら利敵行為と見なされる行為をするなという政治的な要請である。そして何が利敵行為と見なされるかは、権力勾配の上位にある者によって決められる。戦争も含めた変災に際しての混乱の防止と情報の統制は、行政上からも軍事上からも求められることであった。そこには、日本に住むあらゆる人びとに対して「日本人か否か」を問うて選別する社会があった。そして日本人以外は、いわば悪魔の手先であるかのように描くのが、海野の防空小説の特徴であった。

†水野広徳との比較

海野は積極的に、軍部に協力した。海野自身も、それは望むところであったろう。というのも海野は、一九三八（昭和一三）年に刊行された『東京要塞』巻末の「作者の言葉」で、次のように述べているからである。

率直にいへば、僕は軍事小説を書くのに、第一にわが国民の愛国心を燃えたゝしめ、そして戦争に自信をもたしめることを念とする。第二に僕の小説を現在または将来における敵国人に読まれた場合を予期して、恐日病を起さしめることを念としてゐる。すなはち剣とペンとの相違はあれ、前線において戦闘に従事してゐる皇軍将兵諸氏と全く同じ状態に在る。戦友を激励し、そして敵と相対して殺すか殺されるかの戦闘をつゞけてゐるのである。

海野の軍国日本に対する忠誠心には、いささかも揺らぎがない。そして同時に彼は自国以外の国家に対する極度の不信——「だから僕はいつも機会あるごとに唱へてゐたものですよ。外国の大使館なんてものは、すくなくとも丸の内界隈に置いとくものぢやないとね」を作中人物（「東京要塞」の探偵帆村荘六）に言わせ、それを「作者の意図」であるとはっきり明言（「作者の言葉」）していたのである。

詳しくは述べなかったが、「空襲警報」においても、灯火管制、部屋の目張りによる毒ガス防護、空襲火災に対する心構えなど、描かれるシチュエーションは、同じ頃におこなわれていた防空演習のメニューと変わらない。そしてそれらは、東京警備司令部の参謀長から序文を贈られる位には、東京防衛の任に当たる当局者の意向には沿っていたのである。

ちなみに「空襲葬送曲」連載の少し前、一九三〇（昭和五）年に本章冒頭でも触れた水野広徳が『海と空』と題する戦争小説を刊行している。水野はその中で、次のように空襲の光景を描いて見せる。

> 火災は先づ市の東と南とに起つた。やがて北にも、西にも、火の手は三十ケ所、四十ケ所に及んだ。避難民雑踏の為めに消防ポンプも走れない。止までもよき雨は止んで（筆者注：豪雨の中を攻撃されたという設定である）、南東の風が火を見て益猛り狂ふて居る。満天を焦がす猛炎、全都を包む烈火。物の焼ける音、人の叫ぶ声。
>
> （中略）
>
> 火災は二昼夜継続し、焼くべきものを焼き尽したる後、自然に消鎮した。跡は唯灰の町、焦土の町、死骸の町である。大建物の残骸が羅馬《ローマ》の廃墟の如く突つ立つて居る。大震災の時には、被服廠跡では三万の人間が黒焼になつて死んだ。吉原の地では数百の女が水に焼かれて死んだ。日本橋の橋の袂には、焼け爛れた数十の人間の死骸が浮んで居た。こゝに

は十の被服廠跡がある。二十の吉原の池がある、五十の日本橋の袂がある。人間の焼ける臭気が風に連れて鼻を打つ。

海野が書いた防空小説とは異なり、水野の『海と空』では、防護活動も探偵の活躍も見られない。日本を軍事的に救う研究をしている博士も登場せず、怪光線による解決もない。ただ東京は蹂躙されるだけである。関東大震災の記憶を借用する手法は後に海野が書くものと同じだが、酸鼻極まる光景は、海野よりはるかに、直截的に表現される。

『海と空』のはしがきで、水野は「敢て戦争を鼓吹する為めもなく、又不戦を謳歌する為めでもない。唯之に依りて戦争の惨禍を覚り不戦主義を取るか、或は軍備を充実して主戦主義で行くかは、読者判断の自由である」「戦争は道理の判決でなく、実力の決闘である。正しき者必ず勝つとは言へない代り、強き者が常に勝つのである。然らば実力とは何ぞや。今の時代に於て軍備ばかりが実力ではない。著者は此問題を読者に提供する」と書いた。一九三〇年代に書かれたものとしては、比較的公平な立場で書かれたといっても差し支えないであろう。

海野と水野の違いは、ここにある。一九三一（昭和六）年に引き起こされた満洲事変や、その翌年の上海事変を挟んだ後の軍事ブームの中で書かれた海野の小説では、戦争の否定は敵に通じる行為として描かれるのである。その点を歪めるようなことはあってはならない。

†海野十三を論じる姿勢について

ここでいま一度、橋本哲男の海野評に戻ろう。橋本は『海野十三敗戦日記』の「あとがき」で、次のように記している。

(略)日本が戦争に突入したことは誤りであったにしても、また言論統制に狂奔した軍部によって情報の伝達が歪められていたにしても、当時あの激しい戦争の中で「祖国のために」と信じて戦い、傷つき、死んで行った多くの日本人の気持には純粋なものがあった。だからこそ、終戦のラジオ放送に、天を仰ぎ地に伏して、号泣したのだ。

海野十三もその一人であった。

あまりにも国を愛したが故に、戦争遂行には協力したが、一方では家族を愛し、平和を愛し、不幸な人間の悲劇に涙を流していた。

(中略)

すぐれた科学小説家として、心は遠く宇宙を望みながら、目前の戦争小説を書かなければならなかった作家としての苦悩も、私にはわかる気がする。

かなり感傷的な記述だが、このような見方に対してまず一つ指摘しておきたいのは、海野は職業上の影響力とともに、年齢的にも若者を兵士として送り出す側に立っていたという事実である。

『空襲警報』が少年倶楽部の付録として発表された翌年に、日中戦争が勃発する。そのときに尋常小学校六年生だった少年は、一九四五年には一九歳から二〇歳となり、徴兵適齢に達する。志願であれば、たとえば陸軍少年飛行兵なら一四歳、海軍の飛行予科練習生なら甲種が一五歳から、乙種が一四歳からであるから、徴兵を待つよりも早く軍に入ることになる。海野の読者に、アジア・太平洋戦争末期の防空戦や特攻で命を落とした者がいないとは言い切れない。

少なくとも、送り出す側と送られた側を雑に括ってはいけないだろう。

戦争がもたらした惨禍は(もちろんその戦争は日本側に大きな責任があるのだが)特筆すべきとしても、それ以前のもう一つの惨禍である関東大震災のデマと虐殺を、海野は反省的に生かすことをしなかった、むしろ利用したということはすでに述べたとおりである。そうした作家に、「人間の悲劇に涙を流していた」という言辞をはたして贈ってよいものだろうか。

なるほど海野は家族を愛したかもしれない。しかし平和を愛したといえるだろうか。日中戦争が始まるよりも前から、軍と結びつき、戦争を礼賛する小説を積極的に書いた。反戦を敵に通じるものとして描いた。こうしたことから、戦争小説を書くことに苦悩する海野像というものは、筆者にはどうしても思い浮かべることができないのである。

すでに記したように、海野は関東大震災の経験をもとに、防空小説を書いた。それは空襲の惨禍を予言したものではなく、過去にあった災害の経験を敷衍したものであった。しかもその内容は、日本の戦争に対してあまりに独善的に過ぎ、また軍部に対して好意的に過ぎるものだった。

そのような小説を書いた海野十三について、科学小説を書いたという側面のみを以て軍国主義者ではなかったかのように言うことは、彼が用いたアジテーション風の表現をするならば、やはり「すぐれた科学小説家」という仮面を一度は引き剝がさなければならないように筆者には思える。当時の日本人の多くは大なり小なり何らかのかたちで軍国主義に関わることになったが、その中にあって海野十三が、通俗小説家として先導的な立場にあったことは、やはり紛れのない事実として見ておかなければならないのである。

なお付け加えれば、海野にも刺さるであろう批判が当時なかったわけではない。それは海野と同じように、防空知識を手がける側によっておこなわれた。その一つを参考までに掲げておく。これは世界防空事情研究会を名乗る団体によって、一九三七（昭和一二）年に出版した『空襲の惨禍を護る防空法とは』で指摘されたものである。

被害の大なることを教ふるに急で沈着な防備訓練をやゝもすれば萎縮させるやうな予期せぬ悪結果をもたらしてゐるやうな扱ひをなしてゐる場合がある。空襲の目的が軍事施設の破壊、資源の壊滅にあることもあるが、それよりむしろ国民の気力精神の阻喪を主眼とすることが多いのに考へると、国民をあまり空襲恐怖症に陥入れておくことは恐らく面白からぬ結果を招くであらう。

要約すれば、「恐怖を煽るな」ということである。原発事故以来の流行りの言葉に置き換えるならば「正しく怖れよ」になるだろうか（余談だが、寺田寅彦の随筆に由来するこの言葉も、用いられた意味から離れて「無闇と怖がるな」という意味が付与されているのはどうなのかと思う）。『空襲警報』の初出時、表紙には「愛国防空小説」との銘が打たれた。そして著者の名の横には「東部防衛司令部指導」という言葉が並び、東部防衛司令部参謀長の安井藤治陸軍少将から「御国の空を鉄壁とせよ」と題する辞を受けている。その一部を次に掲げる。

この『空襲警報』は、敵機が襲つて来た場合、国民はどんな覚悟と用意とを以て、どんな働きをすべきか、殊に家庭に於ける心掛や役目などが、わかりやすく、書いてあります。尚、国民が割合に気にしてゐない、敵国のスパイに対する警戒の必要をも教えてゐて、時節柄結構なものであると思ひます。

海野と軍の間には、互いに了解できる一致点があったわけである。空襲火災に毒ガスという定番メニューだけでなく、加えて防諜の必要性も力を入れて説いてくれる作家がいるのであれば、当時の軍として推薦するのも何ら不思議はない。

一九三〇年代の空襲観を海野十三に代表させるとすれば、それは火災、毒ガス、そしてスパイの恐怖ということになるであろう。そして、彼は関東大震災の経験を踏まえつつ、軍の協力も得て、国家の意に沿うかたちで防空小説を積極的に書いた。惨禍の予言者などでは決してなかった。

筆者は橋本哲男に対して、いささか厳しすぎる書き様をしてしまったかもしれない。だが困ったことに、橋本以降も、海野の防空小説をあたかも予言や未来予測のように評する人がいる。海野に対する評価の問題は、ひとり橋本のみならず、現代の批評家の問題でもある。

第五章　日中戦争における空襲観

国際法から見た空襲

空襲という攻撃手段をめぐっては、軍事目標主義——軍事目標に限って爆撃を許される——の妥当性や軍事目標の範囲、無差別爆撃の違法性やその根拠、さらには非戦闘員や医療施設、宗教施設、文化財などを法的に空襲から保護するにはどうしたらよいかということが、両大戦間も様々に議論され、日本でも検討されてきた。

人道的見地からいえば、空襲は全面的に禁止されるべきであったろう。にもかかわらず空中からの攻撃をまったく禁止することは、もっとも非現実的な議論とされた。また、爆撃を戦線付近に限定することも、空軍力の持つ意味を著しく削ぐということから、実現性のある制約とは考えられなかった。

それはなぜか。

国際法の専門家であった田岡良一が著書に書いた「大戦後（筆者注：第一次世界大戦後のこ

と）の空襲法学説は、航空機の軍事的価値を活かしつゝ、人道の要求との調和を計る事に腐心する」（『空襲と国際法』）との言葉は、軍事的価値をも秤にかけてきた国際法の限界をよく表しているといえよう。田岡は続けて次のように書いている。

空軍の特徴は其浸透性、即ち地上の戦線を超えて敵国の内部深く侵入して破壊力を行使する能力に在り、従つて地上水上の戦線内に其行動範囲を限る事は、航空機の持つ軍事的価値を活かす所以ではないからである。

このように書いた上で田岡は、逆に無制限の爆撃を肯定する国際法学者もほとんどいないとして、人道面からではなく、功利的見地に立った制限論がいくつかあることを紹介している。たとえば、恐怖を与えようとしても実際に効果はあるのか、あるいは、かえって敵愾心《てきがいしん》を煽ることになるのではないか、さらには、中立国民もまた巻き添えになるであろう、などなど。いずれにしても、残虐な手段の割には効果が疑わしい、だから禁止すべきだという議論であると田岡は指摘した。

田岡の論考からは、第一次世界大戦でイギリスのトレンチャードが考えアメリカのミッチェルに継承された思想が、一九三〇年代の後半になると、国際法学者が航空戦力の軍事的意義をとらえる上で当然の前提となっていることがわかる。

田岡良一による『空襲と国際法』は、一九三七年の初夏に出版された（奥付は六月二〇日である）。これは、スペイン内戦に送り込まれたドイツ空軍のコンドル軍団が、ゲルニカを爆撃して間もない時期にあたる。そして日本軍が、中国との全面戦争に突き進む少し前のことであった。

†「暴支膺懲」という大義名分

日中戦争勃発当時、「暴支膺懲《ぼうしようちよう》」という言葉がさかんに用いられた。これは一九三七（昭和一二）年八月一五日の政府声明にもとづくもので、その文中にある「支那軍の暴戻を膺懲し以て南京政府の反省を促す為今や断固やる措置をとる已むなきに至れり」から、「暴戻支那を膺懲する」、「暴支膺懲」というかたちで使われたものである。

宣戦布告ではないものの、事実上の戦争宣言ともいえる。

ところでこの声明は午前一時半に発表するといういささか異様なもので、海軍ですでに予定されていた一五日の南京空襲に間に合わせるためではなかったかという見方がある（笠原十九司『南京事件』）。盧溝橋事件後の動きとして、いずれにしても日本政府では主戦論がイニシアチブを握り、近衛内閣で一度は採った不拡大方針がそれによって後退したことになる。

盧溝橋事件の発生から事ここに至るまでは政府当局者や軍の内部でさまざまな動きがあり、現地解決の動きや予期せぬ衝突もあって複雑なのだが、にもかかわらずその間、日本国内のメディアはほぼ一貫して中国側の「不法」を非難し、日本側を冷静かつ道理のある立場として報道するという姿勢をとり続けた。当時の日本社会に、日本を文明国であるとする自己規定や、それと比べて中国を遅れた国、あるいは遅れた人びとの集団と見なす風潮のあったことは間違いない。そこに新聞などによってセンセーショナルにもたらされた中国側の反応は、そうした中国観をさらに補強したであろう。このような中国観は、一般の民衆のみならず、自ら筆を執る知識層をも縛っていた。そのため日中戦争初期の中国に対する爆撃もまた、そのような図式のうえに描かれることになった。

一九三七年十月という早い段階で出された、少年向けと思われる本に、次のような記述がみられる。

しかも支那軍用機は、我が軍艦、陸戦隊本部、我が総領事館等に対して爆撃を加へて来たのであつた。そればかりでなく、支那空軍は外国居留民や自国人の居住地まで爆撃して、戦闘員でも何でもない多くの市民を殺傷するやうになつた。このやうな無茶なことは天道も許されるべきものでない。かゝる暴虐非道な所業は、どうあつても捨てゝはおけないのだ。

『東洋平和の為、支那空軍を膺懲せよ』の叫びはひとり日本人だけではないのだ。暴虐支那軍は人類の敵だ。早く壊滅させなければならないといふので、いよ〳〵我が空軍の大活動となつて来たのだ。（小西武夫『進軍の旗風』）

よく見られる「暴支膺懲」の構図である。と同時に著者は、日本の航空戦力に対する全幅の信頼を、まったく疑おうとしない。そこには、天道も許さない無茶な爆撃を日本軍はおこなわない、ということが前提に置かれている。

南京空襲では、たしかに爆撃目標の多くは、大校場飛行場など軍事施設に置かれてはいた。しかし時には、銀行街や官衙が攻撃目標として選ばれることもあった。そして実際には、市街地への着弾もしばしばだった。それを「誤爆」といってしまえばそれまでだが、身体生命財産を奪われる者にとっては、技術的理由によるものであろうと故意であろうと、もたらされる結果に変わりはない。

†或る新体詩人の重慶空襲

ここで、ある詩人の空襲礼賛を見ておきたい。取り上げる人物は、名を前田林外《まえだりんがい》という。前田林外は元治元年（一八六四年）、兵庫県に生まれた。本名は儀作。一九〇〇（明治三三）年に与謝野鉄幹が興した東京新詩社に名を連ね、『明星』に詩を発表。一九〇三（明治三六）年に新詩社を脱退し、岩野泡鳴《いわのほうめい》や相馬御風《そうまぎょふう》らとともに東京純文社を結成し、雑誌『白百合』に作品を発表。その後は、民謡の採集と研究に力を入れる。一九四六（昭和二一）年歿。

ここではまず、林外がどのような詩を作っていたのか、という話から始めたい。

「金沙銀沙の上を遊ぶ歓楽と華麗とを謡つて、沙漠のやうな下界にも天の快楽を得さしめるやうに希つた美しい空想の花」（福井久蔵『日本新詩史』一九二四）と評された「金翅鳥王の歌（天上の花祭を叙べたる）」は、次のように始まる。

夢は怪しや、燦爛と
長さ、八尋にあまりたる
翅、金色の鳥の王。
我を脊にうち載せて、

雲は血色のあさぼらけ
あるかなきかの軟風に、
諸羽ふくらめ緩やかに
天の瑠璃階翺翔けるとき、
君は多慢の惰人
聽て自在は得るべしと。

修辞に優れ、華やかな言葉の選び方を特徴としていたことは、この一節からもうかがえる。リズムというか調子がいささか良すぎるきらいがあり、また抒情や哲学、現実に照らした問題意識といったものは欠片もないが、魔性や幻想を詠った佳品は、いま口ずさんでも面白さが感じられると思う。

また彼は、芸術至上主義を謳うときに、清貧であることよりも、むしろ華美と享楽を積極的に肯定したとされる。たとえば「極楽鳥の賦」では、次のように。

見よ、文明も道徳も
さては理想も藝術も、

聖き慾より進み初め
はた高まりて新たまる、
奢侈は美の門を開く鍵。

ただし林外は、人間的な苦悶を詩にすることはなく、また、そのうわべの飾りを連ねるような詩作に対して岩野泡鳴から批判をされたこともあったようだが、それでも独自の美学を持った詩人の一人であったことだけは、いま挙げた例を見る限りにおいて疑う余地がないだろう。

その前田林外が、一九四〇（昭和一五）年に詩集『重慶の大空襲』を発表した。みずから散文詩と称してはいるが、文語的なリズムにとらわれていて、試みがうまくいったとは言いがたい。内容も蕪雑《ぶざつ》で、豊麗な言葉づかいをした詩人の面影は、ない。

その『重慶の大空襲』から、「第二次空襲」と題した一篇の一部を次に掲げる。

重慶よ、お前は未だ知らざるか、
日本は蔣政権を相手に戦争こそすれ、
何も善良な支那民衆を相手にしようとは断じて思つてない。
だから、我が空軍の狙ふ目標は、まさしく軍事施設にあり。

ここで名指しされる「重慶」は、ただの地名ではない。中国の「抗日意識」でもある。日本に対する抗戦意欲をも指しているわけである。詩人は、その「重慶」に呼びかけて見せる。わが日本は、民衆の上に爆弾を降らそうとは思っていないのだ。

ただ、偽りに満ちた公式見解が披瀝《ひれき》されるだけである。軍や政府の言い分をリズムに乗せただけで、むろんそれはそれで難しい作業ではあろうが、詩人の精神としては荒廃の極みにあるとしかいえまい。

我が空軍は、無辜の民のひとりでも、
戦禍にかかることを、ひどく恐れてあり。
しかれども、重慶よ、木造建物の燃え易きは、
殆と火薬と同じと知らずや。
こむな混雑の場合には、市民の粗忽や、不注意から、
失火！　失火！　それが断じて無いとは云へない。

民衆を手にかけたくはないのだが、「重慶」よ、お前は建築構造と市民の不注意で燃えたの

だ、というわけである。

ちなみに一九三九（昭和一四）年五月三日におこなわれた日本海軍最初の重慶爆撃では、各機が二五番陸用爆弾（二五〇キロ爆弾）二発、九七式六番陸用爆弾（六〇キロ爆弾）二発、九八式七番六号（七〇キロ焼夷爆弾）二発を携行した。出撃機数は四五機。つまり九〇発ほどの焼夷爆弾を市街地に投下したことになる（戦闘詳報記載の消耗調査によれば八八発）。

事実として、空襲火災を市民の不注意に帰すことは困難である。

そもそも爆弾を落す立場から、君たちの街の造りが悪いと言い放つのは、責任転嫁であろう。「何も善良な支那民衆を相手にしようとは断じて思つてない」と言う者が書いてよいことではない。

†振り下ろされる天皇の「火」

あの物凄い響きを立てて、銀色のやうに光つた火を認めよ。
この火は、妖しいバラモンの火とは性質が違ふぞ。この火は、
ゼウスの怒に触れたプロメシウスの火とも性質が違ふぞ。
この火は、これ畏くも、八紘一宇・崇祖の皇謨を弘め給ふ
天皇陛下の大御稜威のもとに、

ゆたけく生ける御民らが、いといと芽出度き
不滅の霊魂の中から「一億一心」と云ふ
宏遠至聖の思想と共に生れたる魂の火ぞ。

ここで謳われる「火」は重慶に投下され爆発炎上した「火」である。もちろんこれは、単に物質の酸化反応としての燃焼ということだけではなく、聖なる力をも意味している。ただしその力は、皇国史観と国体論に依拠し、他の文化や文明とは異なるという強い自意識に裏打ちされた、挙国一致の力である。

いうまでもなく林外は、天皇の軍隊とその戦争は常に正しく、そして勝つという前提の下でこれを書いている。だが実際には負けてしまって、しかもまったく悪い戦争であった。そうなるとこの言葉は、皮肉なことに責任問題が天皇に跳ね返ってくるものになる。しかし彼は、どうやらそういうことには考えが及ばなかったらしい。

さて、天皇の軍隊が投下した、皇謨を広めるための「魂」の火。その火が、空軍力をもって「抗日首都」重慶に振りまかれる。その結果はどうであったか。詩人は、想像の中で市内巡察に出た蔣介石と宋美齢の目を通したかたちで想像して見せる。

廃墟に均しい灰燼の隙地や、
未だ煙が立つてぶすぶす物のはぜる音がしてゐる中を、
山麓や、近郊の石灰岩の穴へ逃げそこなつた市民が、
丁度・熱病患者のやうに右往左往。
親を尋ねて泣きつつさ迷ふ子供ら、
愛子の名を呼びつつ狂人のやうになつてうろつく親達、
窓硝子や、爆弾の破片で、怪我をして唸り居る苦力、
焼跡の道のべに、許多横はつてゐる軍官学校出の校尉ら
の燻ぶつた死体。
これらを見ては流石に己惚れの権化・蔣介石も
歯を咬むで、嘆息をつくのみであり。

爆撃の結果として、地表の世界がどのようなことになってしまうのか、少なくともわかってはいたのである。しかし林外にとって（そして同時に多くの日本人にとって）所詮それは他人事であり、我が身に引き寄せて考えるべきことではなかった。

林外は、和歌でも重慶爆撃を詠んでいた。次に掲げる二首は、一九四〇（昭和一五）年に刊

行された歌集『盧溝橋』に収められているものである。

悪の都・打ち懲ますと我が航機ゆ投げたる弾は天の火ぞ是れ

我が航機・雷ととどろき稲妻と閃めきてゆゆし重慶は火焔

詩人の心の戦争による高ぶりが、目に浮かぶような和歌である。ここにはもう金色の羽を持った鳥の王はおらず、ただ尾羽を打ち枯らした詩人の姿だけがある。林外は、天皇の国の戦争にみずから身をゆだねた結果として、かくも無惨な表現を世に遺してしまったのである。

†爆撃をおこなう眼

爆撃任務に就いていた者は、何を見、どう考えていたのだろうか。

一九三八（昭和一三）年九月二八日、高雄海軍航空隊の九六式陸上攻撃機九機が、三原元一大尉の指揮により雲南省昆明の軍官学校ならびに飛行場を爆撃した。操縦員として参加した航空兵曹長平野寅次郎は、その爆撃の様子を、次のように書いている。

時到り、爆弾は物凄いうなりを生じて、目標めがけて、まつしぐらに投下された。力強い、そして力強い爆裂の音が聞えて来る。全弾直撃戦果はよし、乗員の血は躍動する。

（中略）

次の目標は名だたる昆明大飛行場である。

（中略）

偵察員大石一空曹が、照準器にしがみついてゐる。広い飛行場に、好餌を見付けてゐるのだ。「建物も実に立派だ飛行機も五六十ゐます」、嬉しさうな偵察員の声が、伝声管を伝わる。次で宜候の力強い声、操縦輪をしつかり握る。左右の針路修正が細かくくる。投下点が近づいたのだ。時もよし、投下の合図が来た。残りの爆弾は、第二の好餌に向つて、一直線に投下された。炸裂の響が物凄く空中にこだました時、弾は地上施設の建物から飛行機の居並ぶ線を、見事になめつくした。

見よ、爆裂の威力を。建築物の数棟は爆破され、飛行機の群は、素つ飛ぶあり、燃えたつあり、壊れるあり、惨憺たるものである。（「雲南省昆明空爆手記」）

これは戦時下に書かれ、発表されたものだから、反省的な文言を書くことはそもそも不可能だったという点を差し引いて考える必要はある。しかしそれでも、「血は躍動」「嬉しそう」と、爆撃を積極的に肯定する姿勢がうかがえる。

偵察員は照準器を操作しながら、操縦者に目標への針路を指示する。ときには一度にも満たない角度の指示もある。操縦者はそれに従って、飛行機の針路を微修正する。「左右の針路修正が細かくくる」と書いているのは、そのことを指している。爆撃針路に入ってから投弾までは、偵察員と操縦者の緊張が高まる時間でもある。爆弾が炸裂した瞬間は、その緊張から解き放たれる瞬間でもあったろう。地表にいるであろう人間のことは考えに入らない。機械化された戦争の一側面である。

もう一つの例を見ておこう。少年飛行兵出身の下士官パイロットとして陸軍の飛行第六十戦隊に属し重慶爆撃に参加した桂元二は、自分の体験を小説に仕立てて次のように書いた。ここでは、彼らの編隊が、迎え撃つ中国軍戦闘機とすれ違った直後から始める。


私は敵が来ない、と知つて初めてハツと我にかへつた。

編隊群は今盛んにボタ〳〵と爆弾の雨を降らせてゐる。私は谷川の前方機銃が火蓋を切つた瞬間から今まで、たゞ夢中で操縦桿を握つてゐた。その間目に映つてゐたものは重慶の街でもなければ、敵のИ十五戦闘機でもなかつた、ただ編隊長機だけだつた。編隊長機だけだつた。編隊長機だけが網膜一ぱいに映つてゐたのだ。

銃声が熄んで、はじめてホッとした私が幾分心にゆとりを持つて後を振り返つて見ると、福井部隊にとりついた敵機が執拗に反覆攻撃をかけてゐた。

「爆撃終り、全弾命中」

久留島中尉が爆撃席から帰つて来て、私に耳打ちすると、取り出したメモに今の爆撃の火網図を書きつけてゐる。

空中戦が、あつさりと終ると編隊群は百八十度旋回をした。傾けた翼の下に燃え上る重慶が現れた。(『魂の操縦』)

先述した、海軍の航空兵曹長の回想と比べると、抑制的な筆致である。

感情を抑えた分、記録性と報告性の高い文体は、火野葦平《ひのあしへい》の兵隊三部作(『麦と兵隊』『土と兵隊』『花と兵隊』)の強い影響を窺わせる。とはいっても当時の日本においては、戦争の実相について人間を破壊する行為として考察するような知的主体性を持つことは許されなかったから、告発性はまったくない。したがって個人的実況で終わってしまっているといえばそれまでである。だがそれゆえに、編隊を組んで爆撃をおこなう操縦者の視界に映る世界の限界が、ある程度の正確性をもって書かれているということは考えられる。

有効的な爆撃をおこなうため編隊を崩さないように飛ぶとすれば、操縦者は隊長機を注視するより他にない。投下された爆弾の命中を見届けるのは、爆撃席にいる者だけである。機械化された戦争の役割分担は、たった一機の重爆撃機の中でも、このように徹底される。旋回のために機体を傾けて、操縦者はようやく、燃えさかる重慶を見る。しかしそれでも、逃げ惑う地表の人びとが、操縦者の目と心に留まることは、まずない。

日中戦争の頃、日本人はこのような眼差しをもって中国にのぞんでいた。政治家も文化人も、爆撃照準器を覗き込む視点に立っていたのである。そして何らかの理由を設けながら市街地への爆撃を正当化し、やがて当然のことのようにとらえていった。しかしその七年後に、アメリカとの関係の上で立場が逆転することになる。やがて日本は、照準器から覗き込まれる立場へと追われるのである。

Ⅲ

本土空襲

日本本土空襲のはじまり

†初空襲は航空母艦から

アメリカ軍による日本本土空襲は一九四二（昭和一七）年四月一八日の、ジェームス・ドウリットル中佐率いる爆撃隊によっておこなわれた、いわゆる「ドウリットル空襲」が最初である。これは緒戦で苦戦続きだったアメリカが、士気を高め、そして日本を混乱させることを目的としておこなった奇襲攻撃であった。

この日の早朝、漁船から徴用されて海上監視に当たっていた第二三日東丸《にっとうまる》は日本本土に近づく航空母艦二隻を発見し、通報した。これが第一六任務部隊の航空母艦ホーネットとエンタープライズだったのだが、日本側は当時の航空母艦が搭載していた艦上機の性能から判断して、空襲を翌一九日と予想した。

しかし、ホーネットに搭載されていた飛行機は艦上機ではなく、艦上機よりもはるかに航続距離の長い陸軍の爆撃機ノースアメリカンB-25だった。通常であれば、艦上機による攻撃をおこなった後、攻撃隊は航空母艦に帰投し収容される。しかしこのときアメリカ軍がとった戦法は、陸軍爆撃機の航続距離の長さを利用して中国大陸へと飛び、中国軍の勢力下に着陸するというものだった。アメリカ軍としても第二三日東丸に発見されたことは予想外であったが、予定時刻を早めて発艦させ、その日の午後に日本側の不意を衝いて、東京や横須賀、名古屋、神戸などを爆撃したのである。

飛来した爆撃機は一六機であったが、突然のことに邀撃《ようげき》態勢がととのわず、本土上空で一機も撃墜することはできなかった。

ドウリットル空襲は、後のB－29による本格的な空襲と比べれば規模が小さかったが（それでも五〇名以上の死者を出している）、日本側に与えた精神的な打撃は大きなものがあった。

†甘い情勢判断

B－29による本土空襲が開始されたのは、ドウリットル空襲から二年後の一九四四（昭和一九）年である。これは、空襲を受ける可能性についてどのような情勢判断がなされていた年なのだろうか。軍や政府の動きはさまざまに研究されているから、ここでは、民間人による、民間人のために書かれたものを見てみよう。

日本に対する空襲をおこなうためにB－29という重爆撃機が開発されているという話は、

一九四四年初頭には中立国発の外電によって日本にも伝えられてきた。問題は、その性能をどのように予測するかである。

朝日新聞記者で『航空朝日』の編集長をつとめていた斎藤寅郎は、限られた情報をもとに、二月二二日付の新聞紙面で、ボーイングB-15のエンジンを強化したものかもしれないという推測を立てた（図6-1）。このB-15というのは、一九三〇年代半ばにボーイング社で一機だけ試作された長距離爆撃機である。搭乗員の休憩用にギャレーやコンパートメント式の寝台も備えた大型機ではあったが、エンジン出力の不足から速度は低かった。B-29はもちろん、過去作の経験を踏まえているとはいえ、機体も主翼もB-15とは別物である。だから今日の目から見れば斎藤の判断は大きく誤っているのだが、それはまたB-29が、きわめて限られた情報からは予測することがそれだけ難しい、当時としてはそれだけ卓越した飛行機だったということをも表しているように思われる。

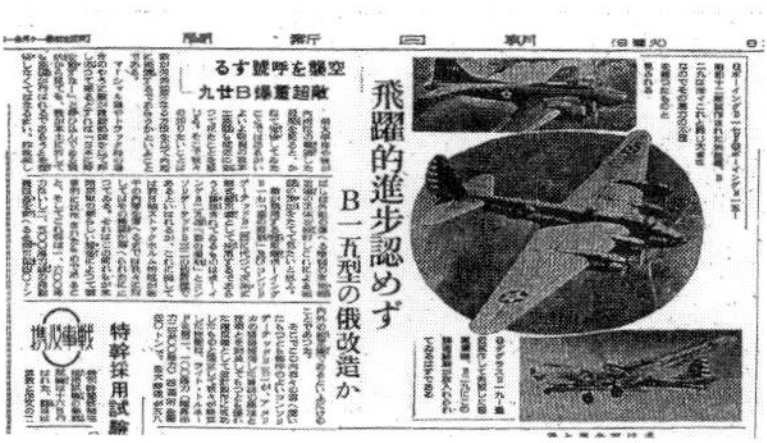
空襲を呼號す
敵超重爆B廿九
飛躍的進歩認めず
B一五型の俄改造か
特幹採用試験

図6-1　朝日新聞紙面（1944年2月22日）

戦況も視野に入れた場合には、どのように考えられていたのか。『朝日東亜年報　昭和十九年　第一輯　苛烈なる世界戦局』（朝日新聞社、一九四四年）は、中国戦線におけるアメリカ軍の反攻について、次のような情勢観察を掲載している。

江西省では遂川、福建省では建甌などわが航空部隊にいかに叩かれても、これを整備せんと懸命の努力をつゞけ、前進基地の強化をはかつてゐる。また一方桂林、昆明などの後方基地の拡充にも努め、B29のごとき長距離機の離着陸に備へんとしてゐる。前後方合せて二十数箇所の基地が米人指導のもとに整備拡充され、一大航空要塞化を行はんとしてゐる。

これは、この年前半の分析として、だいたいにおいて正しいということはできる。実際、日本陸軍の中国大陸に展開する航空戦力は、遂川方面を重要視してさかんに出撃をおこなっていた。なぜ遂川かといえば、当時日本領であった台湾や東シナ海を中型爆撃機でも狙うことができる位置にあったからである。事実、一九四三年一一月二五日には、台湾の新竹にあった海軍の航空基地が、遂川を発進したB-25爆撃機によって空襲を受けている。ただしこの情勢判断には甘さもあった。華中・華南のアメリカ軍は戦力を次第に増加させつつあり、補給の乏しい日本軍航空戦力は、相手を叩くどころか、苛烈な航空戦で次第に押され気味になっていった。

B29、B32の長距離爆撃機もわが本土に対して連続的大爆撃を敢行するにはいまだ性能において数量において十分でない。（中略）時の利はまだ〳〵我にある。「時の利」あるがゆゑにゆつくり防備態勢を備へてよいといふことではない。時の利を一刻も無駄にできないのが現状である。わが国はじまつて以来いまほど時の重要なることはあるまい。

たしかに、B－29の量産と部隊配備は、第一部で触れたように、困難に直面していた。だが末尾でこのように書かれた日本側の「時の利」は、しかし実際にはすでになかった。アーノルド将軍の叱咤によって飛行可能な機体が次々に作られていたからである。

†一号作戦とサイパン島陥落

中国戦線の日本軍は、一九四四年四月から、一号作戦を開始する。その目的は、華北と華中の間に広がる未占領地帯なかんずく京漢鉄道を打通すること、華中から華南の占領地を結び仏領インドシナまでの陸上交通路を確保すること、そしてアメリカ軍によって日本空襲に利用されそうな奥地の飛行場を占領することである。いかにも欲張りな作戦に見えるが、案の定、これにはさすがに東條英機《とうじょうひでき》参謀総長（首相の座にありながら兼任していた）から目的を絞るようにと指摘された。東條の主張は、打通よりも、敵基地覆滅に目的を絞るようにというものである。

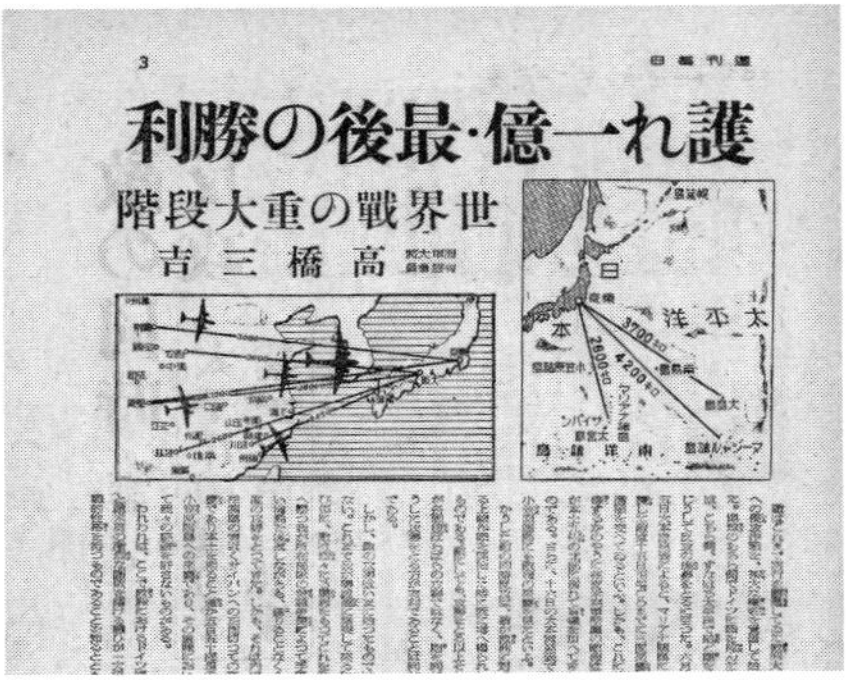
3　週刊毎日

護れ一億・最後の勝利

世界戦の重大段階

高橋三吉

図 6-2　『週刊毎日』（1944 年 6 月 25 日号）

そこには、中国大陸を基地としたアメリカ空軍による本土空襲を防ぎたいという思惑が込められていた。

しかし、この年六月一五日にアメリカ軍はサイパン島への上陸を開始し、一六日には、中国の奥地より飛来したB‐29によって、八幡を中心とする北九州地域が空襲を受ける。その後に続く本格的な日本本土空襲の幕開けである。

このときアメリカ軍には、日本本土を空襲するにあたって一つの不利な点があった。それは、中国の日本軍占領地域の上空を飛んでいかなければならないことである。発見がより早ければ、その分だけ防空態勢をとる時間的猶予を与えてしまう。さらには、もしかすると中国上空で迎撃されるかもしれない。

しかしこの空襲で、中国に展開していた日本軍は、頭上を飛んで行ったはずのB‐29に気付かなかった。北九州が爆撃されたという報を受けて泡を食ったのは中国に展開していた日本陸軍の航空部隊、第五航空軍である。北九州が空襲を受けたという報に接した第五航空軍は慌て、帰路についたB‐29を探すために偵察機を飛ばし、そのうちの一機が、河南省内郷に不時着したB－29を発見して通報。それを受けて漢口を基地とする軽爆撃機が出動し、爆撃によって破壊するという一幕もあった。

†北九州空襲のB－29はどう報じられたか

六月一六日に北九州が空襲されたという報は、東京の市民には、アメリカ軍がサイパン島に上陸したという報せとあわせて、まず号外によってもたらされた。ちなみに当時サイパンは二万人以上の邦人が生活を営む、ほぼ日本領のように思われていた島でもあった。衝撃は小さくなかったはずである。

新聞用紙の割り当てもふくめて報道はすでに政府や軍の強い統制下にあり、また新聞そのものも物資不足から減ページを余儀なくされて四ページという薄いものになっていたが、そのような状況下にあってもなお号外が出されたというところに、その衝撃の大きさがうかがえよう。当局にとってもこの出来事は、ほぼ時を同じくして起きたということもあわせて、是非とも報じなければならないものであった。

ところでB－29による最初の北九州空襲は、夜間におこなわれたということもあって、機種判定が難しかった。そのため当初は、これまで日本でも知られていた四発機のうち、航続距離の比較的長いB－24が飛来した可能性も考えられた。しかし撃墜された機体そのものの調

宣傳倒れの「不落の翼」
B29木ッ端微塵
自慢の機關砲も宛ら飴
壕の上に蒲團と疊
至近彈、これで命ひろひ
三度キリ〳〵舞ひ
被害のなかつた疎開地

図6-3　西日本新聞紙面（1944年6月18日）

査などによって、まちがいなくB-29であることが間もなく確認された。

現地の西日本新聞が紙面でこの空襲を大きく取り上げたのは、翌々日の一八日である（図6-3）。今日であれば、地の利を生かして被害状況などについて全国紙を抜く報道も可能であろうが、当時は空襲被害について、当局発表から大きくはみ出したかたちで具体的に書くことは禁止されていた。速報はともかく紙面で大きく扱うまでに中一日を挟むことになったのも、報道管制が影響したのであろう。

さて一八日の西日本新聞は、一面のトップはマリアナ方面の戦況であり、一見すると不利とは思えない見出しが紙面を飾っている。つづいてB-29を内郷で爆砕という見出しが見えるが、これは一六日の八幡空襲に参加したなかの一機であり、帰路の途中で中国河南省内郷の飛行場に着陸していたものを日本軍が空襲によって破壊した。その下には「本土撃墜機もB29」という活字が躍る。記事の内容は、B-24と報じられた撃墜された残骸について、それがB-29であることが確認できたというものであり、先ほど述べたように、日本側の機種判定に揺らぎのあった様子がうかがえる。さらに記事は次のように、日本側の防空能力の高さと、B-29恐るに足らずという認識をしめした。

在支米空軍の虎の子として初の北九州空襲に参加した同機はその呼号する装備威力も空しく目的地侵入の直前にわが鉄桶の制空部隊の捕捉するところとなり火達磨となって脆くも撃墜されその無能さを全世界に暴露されたのである。

中国の奥地から飛んでくるという条件により目標が九州方面に限定されていたとはいえ、B-29の来襲が開始されたことは日本の官民にとって大きな脅威だったはずである。しかし新聞の紙面を見た限りでは、危機感は極めて低い。もちろん軍や政府がそのように書くことを陰に陽に求めたという事情はあるにせよ、楽観的記述が多いことは指摘しておく必要があるだろう。これは、報道の自由が失われたときに何が起きるかということの表れでもある。

では、実際のところはどうだったのだろう。被害状況はいまだに確定した数字が出ていない。八幡市は、目標となった製鉄所の損害は軽微ながら、市街地に爆弾が落ち、一三〇名以上の死者を出した。小倉市は死者が九〇名を超えたが、命中弾のあった小倉造兵廠で落命した人が多い。その他門司市、若松市、戸畑市でも被害が発生したが、それらもふくめて空襲被害の全体像は報道禁止であり、本人の不注意といわんばかりの被害譚をのぞいて、戦果ばかりが強調されたのである。

†〈敵の炎〉と神国日本

北九州初空襲からしばらくのち、七月に日蓄（コロムビア）で録音された〈敵の炎〉は、サトウハチローの詞に古賀政男が曲をつけたものである。「憎き翼がけがす　祖国の蒼空」という言葉で始まるこの歌が醸す雰囲気は、空襲を受けたことからくる悲壮感ではなく、むしろ敵愾心であった。二番の「赫く燃えてる空を　遥かに眺めて／母と吾との　誓いぞ　熱き力ぞ」が示すものは、戦い抜く決意を眉宇に示す青少年の姿である。

三番の「家は吹き飛び散りて　野原となるとも／堅き思いは消えぬぞ　たぎる血潮ぞ／聞けアメリカの鬼　次はそちらだぞ／我らは征くぞ近き日　このかたきに」へとつながるこの歌詞が訴えるのは、狭い意味での防空意識高揚などではない。航空戦力の増強に対する決意である。陸軍飛行兵や海軍航空兵への志願はもちろんのこと、仕事への熱意――当時の言葉で表せば「職域挺身」の意味も込められていたはずである。というのもこの時期は、あらゆる生産活動が航空機増産を支えるものだとされていたから。これはまた、前年のアッツ島に始まる玉砕報道や山本五十六海軍大将戦死などが報じられるたびに叫ばれてきたスローガン「この仇を増産で」が、あらたに本土空襲というきっかけを得たともいえる。

週刊誌も勇ましかった。『週刊毎日』は六月二五日号で情報局の官僚による「神経戦に負けるな　驕敵北九州盲爆の狙ひ」という記事と「敵襲下に我らかく戦へり　生かさうこの体験」と称する各部署の体験談を、つづいて七月二日号では「活躍した女学生　かく敵機を撃退せり」と題する座談会、そして「悪魔の翼B－29と戦つた主婦たちから」と題した教訓集を載せた。そこで書かれたのは、いずれも空襲を一方的に受ける立場の市民がどれだけ沈着冷静かつ勇敢に対処したかということであり、それはとりもなおさず今後空襲を受けるであろう各地の住民に対して、北九州の人びとを手本として、逃げることなく、持ち場を守って対処することを強要するものでもあった。

ほとんどの記者は深く考えることもなく、職業的義務感から割り切ってこうした記事を書き飛ばしたのであろう。しかしそれはまた、空襲がもたらす被害を軽視することでもあった。仮に全体として被害が軽微であったとしても、そこで命を奪われた一人一人の身の上を、まったく顧みることなく過ごしてしまったのである。

憎悪を駆り立て敵愾心を煽ることが、メディアにとって至上の課題であったともいえる。

このような「悪魔の翼」「憎き翼」といったB－29観は、少年誌にも現れた。『週刊少国民』（朝日新聞社）の一九四四年九月一七日号では、「これが憎いB二九だ」と題して、右前下方より撮られた写真を掲載した（図6-4）。

ここでいわれた「憎さ」は、肉親など大切な人が奪われたことに対する憎しみではなく、あくまで「皇土」を汚されたことへの憎しみが第一であった。これは戦争遂行のために私情が二の次とされていたこともあるが、「国体」という、国家のあり方として政府が認めた唯一の教義とも関係がある。

一九三七（昭和一二）年、日中戦争を開始する少し前に、文部省は『国体の本義』というパンフレットを刊行した。これは三〇年代に高まった国体明徴運動とそれにともなう教学刷新の動きを受けて作られたもので、社会主義ばかりか、自由主義も排撃しようとする思想統制につながったものである。

その『国体の本義』では、神話における天地の始まりと神の登場を「古来の国家的信念であつて、我が国は、かゝる悠久なるところにその源を発してゐる」とした。またイザナギとイザナミの国生みは「修理固成の大業」とされ、天照大神については、その威光は無限であり、あらゆる生物をいつくしみ育てるとされた。その天照大神が「大御心・大御業を天壌と共に窮りなく弥栄えに発展せしめられるために、皇孫を降臨せしめられ、

図6-4 『週刊少国民』（1944年9月17日号）

神勅を下し給うて君臣の大義を定め、我が国の祭祀と政治と教育との根本を確立し給うたのであつて、こゝに肇国の大業が成つた」として、支配領域を聖域化したのである。

以上を踏まえて、本節冒頭でとりあげた〈敵の炎〉の歌詞に立ちかえれば、そこで用いられている「けがす」という表現はまさしく聖域としての国土を侵されたという意味であり、B－29による本土空襲は、ここでふたたび『国体の本義』から言葉を借りれば、「(イザナギ・イザナミの)二尊の生み給うたものであって、我等と同胞の関係」にあり「国民と生命を同じうし、(中略)共に大君に仕へ奉る」国土を侵し穢すことに他ならなかった。

†サイパンに大型機の展開能力はなかったか

中国大陸で一号作戦を戦いながら、軍部は、米軍に上陸されたサイパン島をめぐって、奪回すべきか放棄すべきかで意見が分かれた。いうまでもなく、サイパン島が米軍に占領されれば、日本本土はB－29の行動圏に入って、軍需工業が打撃を受けかねず、ひいては戦争の遂行が困難になるからである。

そこで陸海軍航空部隊の総力を挙げた反撃をおこなってサイパン島に二個師団を逆上陸させる案が出て来るが、直前に海軍がマリアナ沖海戦で航空母艦三隻と四〇〇機近い飛行機を失うという惨敗を喫してしまっていたこともあり、そのような作戦の実現可能性は乏しかった。また仮に、一時的にサイパン島の奪回に成功しても、マリアナ全域を防衛することは難しく、アメリカ軍による再度の攻撃がおこなわれた場合に持ちこたえられるという保証もなかった。結局、六月二五日に開かれた昭和天皇臨席の元帥府会議でサイパン放棄が決定し、東條内閣は七月一八日に総辞職した。

サイパン島の陥落によって、中国にあるアメリカ軍基地を覆滅することで本土空襲を防ぐという一号作戦のプランは崩壊した。サイパン島を手にしたアメリカ軍は後にテニアン島も確保し、両島を、インドや中国奥地に代わる日本本土爆撃の基地として整備することになる。

さて、先にも触れた『朝日東亜年報』は、一九四四年は第二輯まで出された。おそらくサイパン陥落から間もない時期に書かれたと思われるその第二輯では、次のような情勢分析がなされている。

本土より二千二百八十キロのサイパンに敵が超重爆B29の基地を設営すれば、基地空軍による本土爆撃の可能性を生ずるにいたること、ただし東西四キロ、南北十五キロの島嶼基地としての同島における大型機の展開能力が、無制限の航空機展開を許す大陸基地と異なる条件にあることはいふまでもないが、支那大陸、アリューシャン方面からの基地空軍の本土空襲とともに、太平洋海正面よりの陸上機による本土空襲の公算も増大するにいたる

こと

文章からは、サイパン島は小さな島だから、大型機の拠点とするには効果が限定的だろうという含みが見て取れる。この点、現在の目から見れば、朝日新聞社の分析は甘かったと言わざるを得ない。アメリカ軍の手に落ちたサイパン島は、なるほど面積を見れば小さな島かもしれないが、それは同時に日本列島に向けられた刃――アメリカの工業力や補給能力など総合的な戦力の、その切っ先となったことを歴史が示しているからである。

むしろ、インドや中国を基地とした日本本土空襲こそ、実は低調であった。一九四四年八月二〇日の八幡製鉄所を標的とした空襲の後は、大村の海軍工廠が翌年一月までに数度狙われたが、バンコクやサイゴン、シンガポールなど東南アジアに点在した日本軍基地を目標とした攻撃が多い。しかもそれらは四五年三月いっぱいで終了し、インドのB‐29はマリアナ方面に移動する。

同年一一月一日にはサイパンからの偵察が開始され、マリアナ方面からの空襲だけで、日本本土は中国奥地からの八幡空襲とは比較にならない損害を蒙ることになる。ちなみに『朝日東亜年報』第二輯の奥付を見ると、発行日は一二月一五日。原稿を用意し出版に向けた作業を進めているうちに、事態が急速に進んでしまったさまがうかがえる。

サイパンを占領したアメリカ軍には、その向こうに日本本土のフジヤマやトーキョーが見えていた（図6-5）。対して日本軍は、というよりも日本人には、アメリカがどの程度見えていただろうか。

図6-5　『LIFE』（1945年3月26日号）

B-29のコンテンツ化が進む

八幡を爆撃したアメリカ軍爆撃機がB-29であることが判明すると、その識別が必要となった。形や大きさがどのように見えるかということから、機種判定はもちろんのこと、飛行する高度や方角を判定する必要があるからである。

まったく大きさの異なる飛行機なのに地上からの見かけ上の大きさが同じに見えた場合、それぞれの高度はまったく異なる。低高度で進入する中型爆撃機と高高度でやってくる大型爆撃機とでは、戦闘機の待ち構え方も高射砲の撃ち方も違ってくる。また、味方との誤認が起きないようにすることも重要である。

とはいってもそれは理屈の上でのことで、爆撃目標とされている地域の人びとが頭上に敵機の姿を認めてからでは遅い。しかしそれでも、せめて地に伏せるくらいはできるかもしれない。ともかく姿を見分けること、爆音を聞き分けることが重要となった。そこから、にわかにB-29のコンテンツ化ともいうべき現象が生じる。

真っ先に取り上げたのは、新聞広告である。なにしろ毎日発行されるものだから、こういうことは早い。もちろんボーイング社が広告を出すわけではない。B-29の製造にまったく関係のない会社や団体が、今日でいうところの公共広告のような感じの広告を出すのである。「B-29はこのような姿をしています。気をつけましょう。こいつをやっつけましょう」と。耳目を集めている出来事は、いつだって企業の好感度を上げるのに利用される。だがその企業が腹のうちで何を考えているかは、その時にはなかなかわからない。

したがって、後から考えるとどこまで真面目に考えていたのか疑わしいような広告が出てくるのもまた、今も昔も同じである。図6-6は、そのB-29の側面図。この絵は岡山県の『合同新聞』のほか『鹿児島日報』でも確認できたから、地方紙向けに提供された図版なのだろう。作成および配布元は残念ながら筆者にはわからない。

ところでこの絵は、第二次世界大戦当時の飛行機に少し詳しい人ならすぐにわかると思うが、機首が二段になっていたり胴体が膨らみ気味であったりして、ちょっとB-29には見えない。しかしこんなものでも、戦争遂行に協力し皆様の役に立とうとしているというアピールはできるのだ。

こうしたいい加減な絵が流布する一方で、おおまかな三面図と国籍標識の情報が発表されている（図6-7）。こちらは広告ではなく記事として、全国紙地方紙問わず掲載された。当局の発表ということもあり、先ほどの広告に比べればそれらしい図である。

敵機を識別するためには、訓練も欠かせない。その訓練に模型が役立つということで現れたのが、B-29の木製キット（図6-8）。当時の広告を眺め渡した限りでは、こうした製品が複数社から出された。「作つて、覚えて、献納しやう！」というコピーの冒頭に「買って、」という言葉を加えてみれば、その意図は明瞭となるだろう。これは戦争協力・国策遂行の商業化に他ならないが、それが本土空襲でやってくる敵重爆撃機の模型頼みで各社揃い踏みとなるのは、いかにも末期的な現象である。ただし、それがどの程度作られて売れたかについては判然としない。

B-29は、百貨店の催事にも登場した。図6-9は福岡の岩田屋でおこなわれた「撃墜敵機展」の広告である。絵の傍らには小さく「ボーイングB29」とあるが、絵そのものがどうみてもB-17であるあたり、いささか不徹底である。なおこの催しで展示されたものはほぼ間違いなく、八幡空襲の際に撃墜された機体の一部であろう。同じような残骸の展示は、東京でもおこなわれた。七月五日から一四日にかけて催された銀座松屋の広告も掲げておこう（図

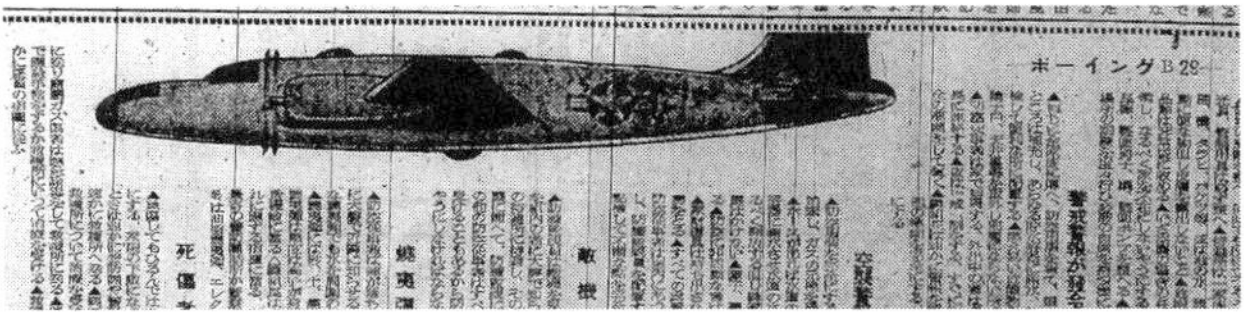

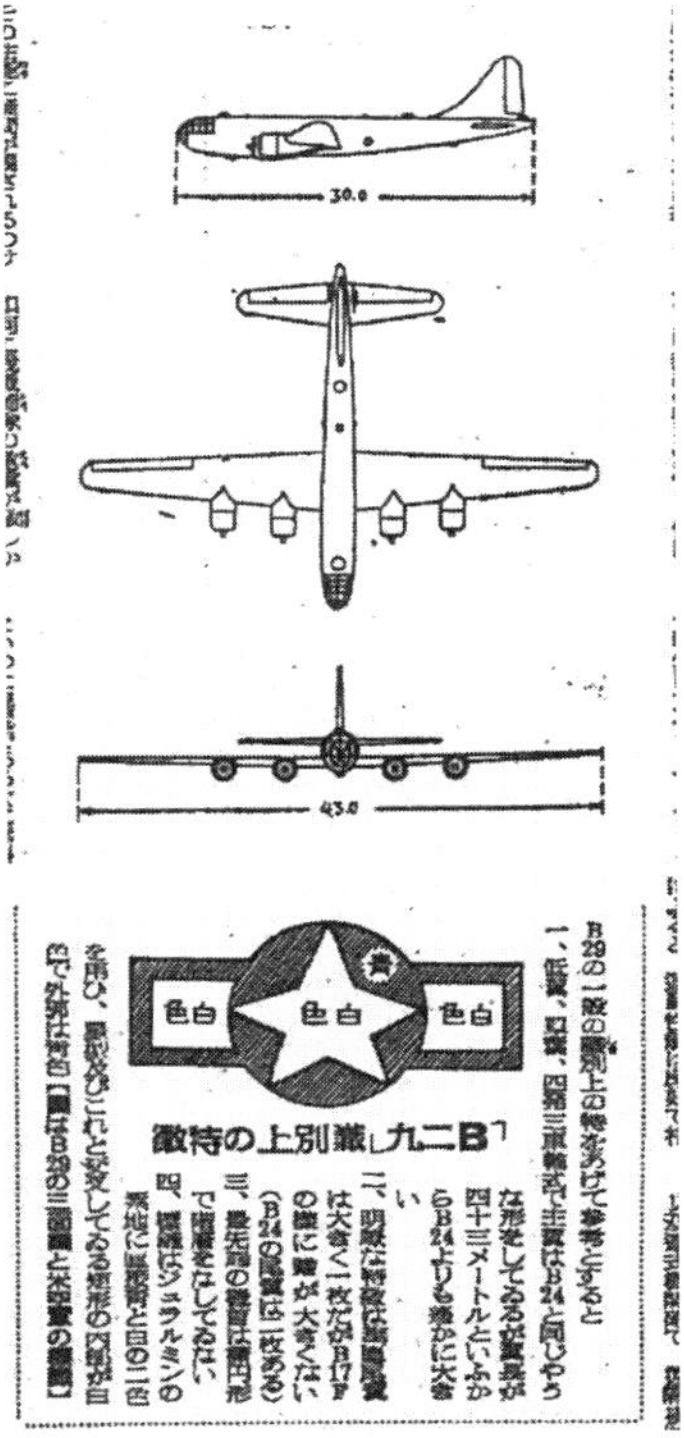

図 6-6　合同新聞広告（1944 年 7 月 12 日）／上
図 6-7　朝日新聞（1944 年 6 月 23 日）／右
図 6-8　模型の広告／左 3 点

図 6-9　岩田屋「撃墜敵機展」広告（西日本新聞、1944 年 6 月 23 日）／右
図 6-10　銀座松屋の広告（朝日新聞、1944 年 7 月 5 日）／左
図 6-11　日比谷公園「B 二九撃墜展覧会」記事（アサヒグラフ、1945 年 2 月 14 日）／下

6-10)。なおそれらの展示は、戦うことの必要性を強調しこそすれ、決して空襲から逃げることを推奨するためのものではなかったはずである。

大掛かりなものとしては、日比谷公園で開催されたB二九撃墜展覧会があった。これは撃墜された機体の焼け残った部品（尾翼など）と実物大の張りぼてを組み合わせて野外に展示されたもので、一九四五年二月一日から二〇日にかけて開催された（図6-11）。

子ども向け記事に見るB-29

『少年倶楽部』（講談社）一九四五年二月号は、「これがB29だ」と称する記事を、写真三枚とともに掲載　筆者は防衛総司令部の陸軍中尉長見正三。「敵アメリカが「超空の要塞」とほこるボーイングB29爆撃機は、これだ」という書き出しで始まる記事は、「翼の端から端までの長さが四十三米、胴体の長さが三十米、一時間に飛ぶ最大速力が五百九十粁、爆弾一瓲半を積んで六千七粁を飛ぶといはれてゐる」と簡単な要目を紹介して、対独空襲で使用しているB-17やB-24では日本本土を攻撃することが難しいこと、そこで作られたのがB-29だとしている。

そこまではよいのだが、末尾のまとめがいけない。

わが制空部隊のめざましい活躍によつて、にくむべきB29はぞくぞくたたきおとされ、みにくい姿を本土のあちらこちらに、さらしてゐるのだ。

日本側がB－29邀撃の戦果を多めに見積もっていたのは確かであるが、戦果を多めに誤認すること自体はアメリカやイギリスでも起きていたことでもあるので、そこを責めるつもりはない。ただ、「めざましい活躍」といってしまってよいのかどうか。書き手の肩書から、防衛総司令部としての見識を問いたいところである。

中学生向けともなると、内容はもう少し高度なものになってくる。『中学生』（研究社）一九四五年一月号に掲載された近藤満俊「亜成層圏飛行で来襲するB－29」は、なぜ九〇〇〇メートル付近の高度を飛んでくるかということについて、気流の変化や地形に左右されないで飛行を続けられるということを説明している（もっともB－29は、日本上空で冬の強い偏西風――すなわち西からのジェット気流に苦しめられたのだが）。そのうえで、次のように述べた。

これを軍事的にみれば、現在ある高射砲の有効射程は四千米から六千米であるから命中率が少なくなり、夜間では照空燈も同様に発見が困難となり、爆音も高々度のため場合によつて聞えなくなる。それに高度差から邀撃する戦闘機も十二分の活躍が出来なくなつてくる。

そのうえで気密室や暖房設備、排気タービンなどB－29の装備について説明を行っているのだが、内容は簡単ながら今日見ても遜色のないもので、もし読者に日本軍の技術水準や防空体制についての知識があれば、それに立ち向かうことの困難さを思わせるような内容となっている。

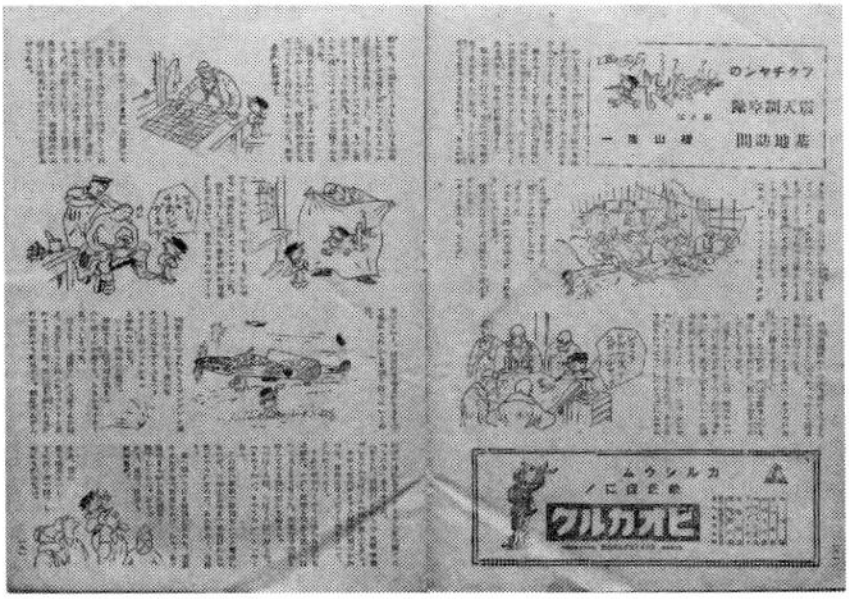

図6-12　横山隆一「フクチャンの震天制空隊基地訪問」（『週刊少国民』1945年2月21日号）

串刺しにしたB－29を描いたのは、漫画家の横山隆一である。横山の「フクチャンの震天制空隊基地訪問」が掲載されたのは、『週刊少国民』一九四五年二月二一日号だ（図6－12）。震天制空隊という名称が使われ、そして記事と挿絵に登場する飛行機が「飛燕《ひえん》」であることなどから、彼が訪れたのは、調布飛行場に展開していた飛行第二百四十四戦隊である。

このとき横山は、隊員のマフラーや鉢巻に乞われるままに絵を描いてやった。そのうちの一枚は、本文中に「隊長の首巻きにをさまつて僕はこれからB29を落しにいくのだ」とあるから、戦隊長の小林照彦陸軍少佐の分だったのであろう。

家へ帰つてけさ新聞を見たら、飛燕（筆者注：陸軍三式戦闘機の愛称）はまたまた大戦果をあげてゐる。あッ隊長さんがＢ29に体当り降下してゐる。おめでたう、成功、隊長も御無事だ。ああ、僕の画も隊長と一しよに落下傘で降下したにちがひない。

横山隆一は記事に、このように記した。体当り攻撃という凄愴な戦闘を扱っている割には、戦争の痛みを感じさせない他愛のない文章である。なおこの一文からは、横山隆一が調布飛行場を訪問した時期が特定できる。というのは、小林照彦少佐がＢ－29に体当たりし落下傘降下で生還したのは、一九四五年一月二七日のこと。したがって横山が調布飛行場を訪問したのは、この日のことだったということになる。

第七章　B－29、東京上空に現れる

†東京上空にきらめくジュラルミン

一九四四（昭和一九）年一一月一日午後、晴れた東京の空高く、一機のアメリカ軍機が姿を現した。サイパン島のイスリー飛行場を飛び立った第三写真偵察飛行隊所属のF－13で、B－29を写真偵察用に改造した機体である。

これこそ、東京と、およびその近傍に居住していた人びとの多くが初めて目の当たりにしたB－29だった。

関東地方、とりわけ東京に住んでいた人たちの口からB－29の印象について聞かされたとき、「きれいだった」「うつくしかった」といった言葉を耳にした記憶をお持ちの方は少なくないはずである。

この感覚は当時も共有されていたようで、それに対し航空工学の専門家である木村秀政は「B二九が飛んでゐるのを見て、敵ながら美しいとか、清楚だとかいふ人がいる。それに対して、筆者は異議を申立てたく思ふ」と『航空朝日』一九四五年三月号で記しているほどである。

しかし、今日明日にも自分の命を奪うかもしれない敵の飛行機を見て「美しい」という感動を抱くという話は、あらためて考えてみると不思議でもある。一体、どのように美しかったのだろうか。もし実際に美しかったとすれば、それはどういう意味を持つのか。

そもそも当時の人びとは、B－29を目の当たりにしたときに、どのような思いを抱いたのだろうか。

そこで本章では、公刊されている日記から、人びとがそれぞれにB－29をどのように迎え、何を感じたのかという点をまずさぐってみたい。

†整備兵が見上げた「目にもすばらしい敵機」

B－29が関東上空にその姿を現したとき、千葉県北西部の松戸飛行場では、日本陸軍の飛行第五十三戦隊の隊員たちが空を見上げていた。その中の一人、陸軍軍曹として二式複座戦闘機「屠龍《とりゅう》」の整備にあたっていた原田良次は、文庫本の余白を利用してしたためていた日記に、そのときの様子を次のように書き記している。

昼食後、突如、「関東地区警戒警報」発令。

かねて、予期したものの、いざとなっては隊内騒然。

敵四発機一機、東京へ初の来襲。いよいよ来るものが来た。わが隊大いにあわてふためく。

（中略）

帝都防衛任務のわが戦隊は、ただちに「警戒戦備甲」下令。各機急ぎ燃料を補給し、弾薬をつみ、エンジンを始動し出撃準備。いまこそ百年兵を養い、一日これを用いるときがきた。

邀撃出動機は、警急中隊（筆者注：来襲に備えて出動できるよう待機している隊のこと）四機、風をけって離陸。つづく後続出動機はなし。

兵隊は、その後の状況不明のまま、空をあおいで機側に待機。どの兵隊の胸にもいい知れぬ緊張がたかまった。ほどなく突然の、「あそこだ」の声に、兵の指さす天空に一同の視線が釘づけされたまま、兵隊の表情はまったく動かない。一三二〇、見れば基地北東の青空に現われた四本の白い飛行雲が細く、まるで、生きもののように拡がり、弧を画いて、天空にのびた。その先端に、半透明に空の蒼にとけこみ、真珠のようにキラリと光り、整然たる四発機の爆音をあげる小さな機影は、あやしいまでの美しさを誇示していた。

「B29だ！」

「きれいだ！」

飛行場のすべての兵隊の目が、脅威と感嘆をこめて、その一点を追いつづける。この白く高い青空に描かれてゆく弧が大きく旋回して、ついに円となり、東京上空につながった。

情報では、敵はいま川越上空をすぎたという。この青空の軌跡を追う高射砲弾は、「ゴツン」とひびくが、B29の高度にははるかに及ばないまま、空しい白い綿の華となって弾幕をつくった。

一五〇〇空襲警報解除。

目前では、わが邀撃機の接敵を見ないまま、B29はやがて悠々と洋上に消えた。今日はむしろ、戦いそのものの実感よりも、ただ茫然と、初見参の、目にもすばらしい敵機を見送る短い時間をもっとも長く感じた。

夜、この敵機は、マリアナ基地より飛来のものとわかると、私は一時の驚愕よりも、胸に重い未来への戦慄が走った。やがて東京は戦場となる。これは日本のための不吉な予告である。（『日本大空襲』）

原田の眼は、陸軍の航空隊で技術をつかさどる下士官らしく、配備されていた高射砲の届かない高々度を行く性能、ここぞとばかりに出動した戦闘機の接触が見られなかったこと（しかも松戸からだけではなく、東京周辺の各基地から飛び立ったはずであることは、原田もわかっていただろう）、そして誇示されたように感じた美しさを観察し、後日、Ｂ－29によって引き起こされるであろう暗い予測を立てた。

事実、この日に飛来したＢ－29は、これまで錬成にいそしんできた部隊といえども、迎撃つことが難しかった。原田が属していた飛行第五十三戦隊ばかりではなく、成増にあった飛行第四十七戦隊、調布に展開していた飛行第二百四十四戦隊も邀撃に飛び立ったが、機影をはるか遠くに望むだけに終わってしまったのである。

†警防団員に追い立てられた徳川夢声

この日、軍需省が主催する工場慰安会に出演するため歌舞伎座へとおもむいた徳川夢声《とくがわむせい》は、楽屋で空襲警報の発令を知った。慰安会は中止。夢声はまず奈落から花道へと上がる階段に待避する。そして待避解除となってから漫談協会の連絡所に顔を出すと、そこでまたもや待避の号令。

「待避ッ！」

防護団員が怒鳴つて走る。足元にある室内防空壕に入る。せいぜい三人しか入れない狭さだ。ズーンと来たら生き埋めになること請合いという。ただ穴を掘つただけのもの。ひどい湿気でプーンと茸の香り。どうせ死ぬにしても、此所は御免である。

「高射砲の破片で、両足をやられて、血だらけになつてる奴がいますよ」という報告を聞き、私は早々に事務所を逃げ出した。有楽町駅へ行こうとして、日劇の前までくると、又もや退避命令だ。人がゾロゾロ日劇地下室に入るから、私もあとからついて入る。団服を着ている爺に「早くしろッ！」と、怒鳴られる。「何言つてやがるんだ、バカヤロ」と私は小声で言った。

やつと地下室を出て、駅へたどりつくと切符売り場は大変な人だ。売り場は「締切り」の札が出ている。しばらくガードの下に蹲んでいた。ガードとガードの間から、晴れわたつた空が見え、銀色の飛行機が高く高く飛んでいた。北口の方へ回つて見る。ここも大変な人。私はあきらめて、東京駅まで歩くことにする。

「待避ッ！」

またもや叫び声だ。何社の建物か知らないが、太い丸柱の林立している、このあたりでは低い建物、しかも酷く頑丈そうに見える頼もしい建物——その柱と柱の間に身をひそめる。私の他に数名の男女が避難している。前には七階建のビルがあり、そこの警防団員たちが入口をかためていた、時々、空を見あげては「そら来たッ」という態で逃げこむ。

長い足で歩いてきた外人が、誰れかに怒鳴られて、私の傍に踞みこんだ。何か急ぎの用があるらしく、マダデスカ、マダデスカと妙な日本語で私に訊ねた。すると、長い長いサイレンが鳴つた。空襲警報解除であろう。(『夢声戦争日記』)

夢声はしばしば日記に俳句を記したが、この日は警報下の印象を多数の句に詠んでいる。そのうちからここでは、「秋晴れの往き来絶えたる銀座街」「天高く一点光る一機あり」をあわせて取り上げよう。夢声の観察からは、路上から人びとの姿が消えた銀座、あいつぐ待避の号令、そして警防団員の嵩にかかったような物言いなど、人びととの緊張と慣れない出来事に対する困惑が見てとれる。

†地下室にい続けた古川緑波

コメディアンとして一世を風靡した古川緑波《ふるかわろっぱ》は、日比谷にあった東宝文芸ビルで、正月企画の打ち合わせを始めるところだった。

話を始めようとしてゐる折柄、プーウとサイレン、おやK・Kだな、と言ってるうち空襲警報のサイレン、ドゞーンとひゞく高射砲の音、いけない、それ逃げべしと、地下室へ待避。もとの我一座の事務所だったところ、その一隅に腰を下して、ひたすら神に祈る。樋口正美と前川・滝村、そこへ突破が加はって漫才みたいなこと言ってちゞこまってる――一時間余。空襲警報解除。

（中略）

文ビルを出て有楽町へ行き省線に乗らんとするや、人の波。行列して切符買ひ、又長蛇の列で改札、混雑の極。東中野迄一時間半かゝった。（『古川ロッパ昭和日記』）

空襲警報と高射砲の射撃音で、すぐさま地下へと移動している。地下室への待避は、かねてより取り決められていたとおりの行動なのであろう。歌舞伎座にいた徳川夢声と同じように、空襲警報発令時にとるべきとされていた所定の行動に従っていたことがわかる。

なお文中にあるK・Kとは、警戒警報のこと。古川緑波は、しばしばこの略称を日記で用いている。警戒警報だけではさほど動じることがなかった様子が、この一文からはうかがえる。

またここでは、先ほどの徳川夢声が切符の購入を諦めた有楽町駅で電車に乗るにあたって、行列に並んで切符を求めた様子が記されている。空襲警報が発令されると、鉄道はしばしば運転をやめて乗客を待避させていた。そのため、警報解除の直後はここに描かれているように駅や電車は大混雑となり、ときには、人びとはなかなか来ない電車を辛抱強く待たねばならなかったのである。この日以降、東京とその付近では、こうした混雑が頻繁に見られるようになる。

†目にできなかった伊藤整

午前学校、昼頃床屋にいて髪を刈っている時、警戒警報出て、すぐ続いて空襲警報となり、遠くに高射砲の音がする。金を払って出て、そこの横町にある木の下の無蓋の防空壕に入る。私ひとりで誰もいない。たしかに空襲警報である。空は青く晴れて雲ひとつ無い。防護団員の服装をした男が、植込みの向うで、畳を持ち出して、そこの防空壕の上にのせてやっている。（中略）味方の飛行機が時々一機二機と五百メートルぐらい上空を飛びまわっている。しかしいつまでたっても、敵機らしいものが見えず、また高射砲の音も今ではしない。その防護団員がそばに来たので、「空襲ですね」と話しかけると、「ええ、しかしみんな道路を歩いていますよ」と言う。こうしているよりも早く家へ帰らねば、と思ったので、表の甲州街道へ出てみる。表通りは人影はない。あちこちの軒下に、防護団員やら待避している通行人たちが立っている。町を横切るものが時々いる。それは舞台を横切るように大急ぎに、敵機をおそれるというよりは、防護団員に叱られはしまいかと怖れるような姿で走って行く。（『太平洋戦争日記 三』）

伊藤整《いとうせい》は当時、経済的な理由からいくつかの仕事を掛け持っており、当時は代田橋にあった光生中学の英語講師もその一つであった。「午前学校」とは、そのことを指している。そしておそらく、髪を刈った床屋というのも、おそらく代田橋にあった店なのであろう。彼が「防護団員」と書いているのは、警防団員のことである。防護団は、一九三九（昭和一四）年に警防団へと発展的に解消を遂げていたが、先述した徳川夢声もそうであったように、依然として防護団と呼んでいた人もいたのである。その警防団員は、空襲警報下には辻々に立って、伊藤が書いたように警戒に当たっていた。そして人びとは、その警防団員から時に受けるかもしれない叱責を恐れてもいた。先に見た徳川夢声の「何言ってやがるんだ、バカヤロ」という反発は、その裏返しでもあった。

さて伊藤整は駅へと向かい、京王電車が警報下でも動いていることに気付く。

その頃から、駅の前に二人三人と人が来て、電車に乗り込む模様なので、私も定期券で構内に入る。プラットホームには十人ばかり人がいて、空を見たり、あたりを見たりしながら電車を待っている。電車は変りなく運転している模様で、やがて新宿方面からやって来たのに乗った。乗客もしきりにそとを気にして、停車するごとに外の様子をうかがっているが、何事もなく烏山駅に下車して家に戻った。

何しろ、ドウリットル空襲以来のことである。訓練ではない本物の空襲警報に接した人びとの中には、不安や戸惑いを覚えた人も少なくないだろう。B－29の姿をその目で確認できなかった人ほど、かえって不安を覚えたであろうことは、想像に難くない。ここに挙げた伊藤整もその一人であった。彼は、日本の飛行機しか見ていないのである。伊藤が見た飛行機は、成増飛行場か調布飛行場から離陸した陸軍機ではないだろうか。

この翌日、彼は高射砲の破片による負傷者が出たという話を聞き、「私も今度はこういう時鉄兜をかぶって出るようにしようと思う」と日記にしたためている。B－29の飛来は、このように人の行動にも影響を与えた。

†初日は見なかった吉沢久子

生活評論家として知られる吉沢久子は、このとき阿佐ヶ谷から神田須田町の会社に通勤する日々をおくっていた。なお吉沢は、警報の発令ですぐに退避しており、一日の偵察については目撃していない。

社長や上司に休みをもらったお礼のあいさつをして、すぐ仕事にかかろうとしていると空襲警報のいやな音。六階の事務所から地下二階に待避。訓練をしたことはあるが、実際にははじめての体験。高射砲の音しきり。大森上空を鶴見に向かって行進中と鉄道電話で情報入る。偵察らしいとのこと。一機はB29だという。

三時には事務所も閉めてみんな帰宅ということになった。結局、何も仕事できずに終わる。警報のため省線が止まっていて、やっと動き出した大混雑の電車に乗り込み六時近くにようやく帰宅。(『あの頃のこと』)

ここからは、わずか一機の侵入で、会社の業務が遂行不能に陥った様子がうかがえる。鉄道も一時運休したため、吉沢は、神田須田町の職場から阿佐ヶ谷まで、帰宅に三時間を要している。

ちなみに、ここに出てくる鉄道電話というのは、鉄道事業者が用いる電話である。この電話は国鉄内部だけではなく、業務の遂行に欠かせない企業にもつながっていた。ちなみに吉沢が勤めていた会社は、鉄道教習所などで使う本を出版する会社である。国鉄も防空情報を伝達する役割を負っていたから、関係する会社は、鉄道電話を通じて情報を得ることができたのであろう。

次に示すのは、七日の記述である。

一日から三回夜間の空襲。夜の時間が自分の時間なのに、予定がたてられないことに心がざらざらする思い。昼も毎日の空襲警報に地下二階への待避だ。度重なると嫌気がさしてきて、面倒だなあと六階の窓から空を見上げる。悠々とB29が飛んでいき、そのあとに描かれる飛行機雲の美しさに見とれていたりする。

ここからは、吉沢が早くも空襲警報に慣れてしまっている様子がうかがえる。ちなみにこのときはまだ偵察の段階で、東京が爆撃の洗礼を受けるのはもう少し後のことになる。

†八代目正蔵の緊張

下谷区北稲荷町（現台東区東上野）に住んでいた落語家の八代目林家正蔵（後に名跡を返して林家彦六となる。当時は、五代目蝶花楼馬楽を名乗っていた）は、一日の警報を家で聞いたらしい。

朝のんびりとお詣りに歩き廻って、帰って神棚の掃除をしてゐたところへ放送局の坂本さんから電話なので話をしてゐると、警戒警報が発せられ間もなく空襲警報になった。敵機皇都に侵入し、銀座に爆弾が落ちたなんてニュースが這入り一時は誰も緊張した。

先ほども述べたように、このとき東京上空に侵入したのはF－13と呼ばれる偵察機型であり、目的も高高度からの偵察であって、実際には投弾はおこなわれていない。日記に記された「銀座に爆弾が落ちたなんてニュースが這入り」という文面からは、一時的に情報が混乱した様子もうかがえる。

なお、この日の記述には、やはり目撃していなかったからか、B－29についての印象はない。

正蔵は、翌日には地方公演に出発しているので、東京上空をB－29が飛ぶさまを実際に見たのはおそらく、それをはさんだ後のことである。彼は一一月七日の日記に、このときの様子を次のように記している。

防空警報発令される。
こゝのところ毎日のやうに警報出るなり。けふ逸はやく分団へ駆けつけ倉庫の鍵を開けるに、頭上には敵機飛びて高射砲盛んに撃ちめぐる光景なり。
皇都の空に敵機一ツ飛びて飛行雲の湧く。

B-29が正蔵にまず植えつけた印象は、やはり飛行機雲であった。いかにも落語家らしい、その様子を演じて見せるような筆致である。

ところで、ここに出てくる「分団」とあるのは、警防分団のことである。このとき八代目正蔵は、落語家であると同時に生真面目な警防団員でもあった。そのため、その後に繰り返される空襲の中を、ときには消火活動のため駆け回る日々をおくることになる。

†物騒を心配する内田百閒

次は、内田百閒《うちだひやっけん》である。一日の来襲を、百閒は自宅で昼食をとっているときに迎えた。日記によれば、午後一時頃に警戒警報。それから「五分位にて高射砲だか何だか大分近くに音がしたので、畳を上げて庭の防空壕に這入らうとすると空襲警報が鳴つた」。また六日には、「朝また警戒警報あり。その内解除になりたれど甚だ物騒也」と記している。

そして一一月七日。百閒は丸の内で、その「物騒」ななかをとうとう出歩くはめになる。知人から頼まれていた汽車の切符を渡すために訪れていた日本倶楽部で、しかし、その知人がなかなか出てこない。やむをえず、自分が嘱託として勤めている日本郵船に帰ろうとしたそのとき、警戒警報が鳴り響いた。

浮き腰になつてゐたところへその不気味な音を聞き、どきんとした様な気がした。切符を受附に託して郵船へ急ぐ途中、既に高射砲鳴り出す。道ばたに大勢人が起つて晴れ渡つた空を見上げてゐる。見える見える。ほらあすこにゐる。高射砲は届かないんだね。あれは砲弾の炸裂した煙だよ。煙よりずつと上の所をこつちへ向かつて飛んで来るではないかと云ふ声を聞きながら、駈け出す様にして漸く郵船ビルに辿りつきほつとした。(『東京焼盡』)

ここには、上空を行くB-29に対する、沿道の人びとの反応が書かれている。身の危険よりも、好奇心が勝っている様子がうかがえる。徳川夢声が記したときのような緊張感は、百閒が書く街頭には、ない。多くの人は、前述した吉沢久子のように、一週間のうちに一種の慣れが生じていた可能性があるように思われる。

しかし、こうした人びとをよそに、百閒自身は空高く飛ぶ飛行機そのものには気を取られなかったようである。周囲の人びとの声を耳にしつつ、怖い思いを抱えながら、郵船ビルまでの数百メートルを急ぎ足で戻った。

その翌日も、百閒は家にいながら「今日は曇後雨にて空中襲撃の気配切実ならずと雖も何となく油断のならぬ心地なり」と記し、夕方になって「先日来の模様にて安心らしく思はれる時間を見計ら」って、配給のたばこを受け取りに出かけている。

百閒のように、緊張や不安を抱えた人もいたであろう。その心配は、やがて現実のものになってしまう。

†谷崎潤一郎の印象

日記や懐旧談には、いま見てきたように、B-29について美しかった、あるいはきれいだったとする記述が、しばしば現れる。実際、東京上空にその姿を初めて見せたときは、晴れた晩秋の空という、飛行機を地上から観賞するにあたってうってつけの条件があった。太陽光に無塗装ジュラルミンの機体をきらめかせながら、飛行機雲を引きながら高々度を飛んでいく一機のB-29。また、撃ち上げられた高射砲弾が咲き乱れるような弾幕を形づくる。命の危険さえなければ、さぞかし美しい光景だったであろうことは容易に想像できる。

B-29について、その審美眼的美しさのみならず、音の印象についても記したのは谷崎潤一郎である。中島飛行機武蔵製作所を目標とする空襲が開始された一一月二四日の昼頃、谷崎は熱海の自宅で東京方面に飛んでいくB-29の姿を目撃し、文学的筆致をもって次のように書き記した。

「敵機八機伊豆半島上空にあり」と東部軍情報あり空襲警報になる、程なく錦が浦の上空に飛行機雲現れ頭上に爆音きこゆ、家人等防空壕に入らんとして「あれ〳〵」と空を仰いでゐるので予も出て見る、一機東京を目指して飛ぶ、高く〳〵鰯雲の中にあり、爆音に依りて敵機なること判明、日本機のガラ〳〵云ふ音と異なりて、プルンプルンと云ふ如き振動音を伴ひたる柔らかき音なり、後部より吐く瓦斯が飛行機雲となりて中天に鮮かなる尾を曳く、機体もスッキリしてゐて美しきこと云はん方なし、(中略)時に又敵の一機、前方錦が浦の山の上に現れ、山の尾根に併行して中天にある太陽の方に向ひ一直線に北上す、素晴らしき速力にて後ろに曳く飛行機雲の線が見る〳〵青空の中を太陽の方へ伸びて行く、そしてその伸びつゝある尖端にわづかに飛行機の黒点を望む、全く戦争と云ふことを忘れさせる美しき見物なり、その状恰も山の波状の上を白龍が日を捉へんとし翔るやうなり、その敵機を視詰めてゐると、大空狭しと走り行く速力の早きこと驚くばかりなれども、なほ太陽との距離中々に短縮せず、以て空の面積の広大なることも感ぜらる、(「疎開日記」)

日本の飛行機の爆音を「ガラ〳〵云ふ音」と書き表している点は、谷崎が敬愛していた永井《ながい》荷風《かふう》によって「鍋の底のこげつきたるをガリ〳〵と引掻くやうにていかにも機械の安物なるを思はしむ」(『永井荷風日記』一九四四年四月一一日)と表現されていたことと合わせて、興味深い。谷崎は、B‐29の爆音について、日本機と対比するかたちで「柔らかき音なり」と書いているから、婉曲な表現ながら、荷風と同じように日本機の音を好ましく思っていなかったのである。

しかしながら、谷崎がB‐29の飛行音について「プルンプルンと云ふ如き振動音を伴ひたる柔らかき音なり」「機体もスッキリしてゐて美しきこと云はん方なし」と書いたこの日は、それまでの偵察飛行とは異なって、東京に対する本格的な爆撃が始まった日でもあった。谷崎が目撃したB‐29は、この日マリアナ諸島を飛び立った一一一機の一部である。目標は、東京都北多摩郡武蔵野町(現・東京都武蔵野市)にあった中島飛行機武蔵製作所。谷崎に目撃された編隊は、その後、東京上空に進入する。

†B‐29による最初の東京空襲

十一月二十四日金曜日。午まへいつもより早く家を出て、省線電車にて正午少し前東京駅に下車した時、警戒警報の警笛が鳴つてゐた。急いで郵船に這入り、ほつと安心する。続いて空襲警報鳴り午後三時まで敵襲続く。一昨年の四月十八日以来の騒ぎなり。お蔭で何事もなく、絶えず心配した家にも夕省線電車にて帰りて見れば異状なし。晩酌に昨日美野の持ち来りし五合の酒の残りあり。又敵の飛行機は来る事ならん。厄介な話也。(『東京焼盡』)

内田百閒がこのように書いた二四日は雲が多く、飛来したB－29のうち、第一目標であった中島飛行機武蔵製作所に投弾できたのは出撃した機数の三割ほど。ほかに東京都内では江戸川、品川、杉並、荏原の各区が爆撃を受けた。それ以来、百閒をはじめ東京都民は、空襲に脅かされる数ヵ月間を過ごすことになる。

八代目林家正蔵も、二四日から実際に爆撃が開始されたためか、一一月二六日になると、次のように気持ちのよいものではないということを日記で吐露している。ちなみにこの日は銀座にあった金春《こんぱる》の楽屋に入って間もなく警報が発令されて、家に戻る羽目となった。

水谷橋(筆者注：かつて中央区を流れていた三十間堀川にかかっていた橋。現在の中央区銀座一丁目にあった)の真上で高々度に飛ぶ四発の敵機を一機見た。早速鉄兜を着用に及んだが、あんまりいゝ気持ちのものでなし。(『八代目正蔵戦中日記』)

吉沢久子は、一二月三日、次のように書いた。

午後二時近く警報発令。つづいて空襲警報。今日は空美しく、敵機は実に鮮明に見える。高々度で爆音もきこえない。身支度はきちんとしているのでおそろしくもない。

（中略）

二時間くらいの間に何度も空襲警報。することもなく空を見ているだけではどうにもならない。ちょっとしたつくろいものを持ち出して、日なたぼっこをしながら針を運んでいると気持ちが静かになる。わりあい近くに爆弾が落ちた様子、消防ポンプが走る。ガラス戸がふるえ、ニュース映画の録音できいたようなドシーンという感じの音とと地ひびき。爆弾だな、と思った。

あわてて空を見ると、頭上ま上に敵機がいる。何も落ちてこない。きらきらする機体の美しいこと。ただ見とれてしまった。高射砲の煙が敵機の前後に見える。飛行機雲のいく筋かをひいて進む敵機を、ただ仕方なく見上げていることを、くやしいとも思わなかった。

（『あの頃のこと』）

吉沢は、爆撃を受ける側ながらも見とれてしまったことについて記している。東京都民は、文字どおり「ただ仕方なく見上げている」しかなかった。そのことはまた、爆撃をする側と受ける側の一方的な力関係を如実に示している。
戦争に背を向け自国政府に対して冷淡な姿勢をとり続けた永井荷風も、警報を気に掛けざるを得なくなった。荷風は一二月二七日に、このように記している。

正午より二時頃まで警報。隣人と共に時々門前の穴に入り、又出でゝ暖き冬日に背を曝しながら来襲の飛行機の隊を成して空中を過るを見る。子供の屋根に登りて米機一台墜落せりとて拍手するものあれど、老眼には何も見えず、唯鳶の環を描きて舞ふを認むるのみ。夜また警報。（『永井荷風日記 第六巻』）

荷風の記述からわかるのは、個々人の戦争に対する態度とはまったく無関係に、攻撃される立場へと無差別かつ一方的に置かれてしまったことである。日本軍の重慶空襲がそうであったように、地上の人びととはまったく無関係に、東京（や大阪、神戸、そしてその他の都市）は、焼きはらうべき標的としてアメリカ軍の前に横たえられたのである。立場は、日中戦争のときとは逆転してしまった。今度はアメリカ軍の照準器に、日本本土が覗き込まれることになったのである。

†八幡空襲邀撃から引き出された戦訓

ここで、話を北九州初空襲の頃に戻したい。

一九四四年六月一六日未明におこなわれたB‐29による八幡初空襲は、出撃した六八機のうち投弾したのは四七機。そして日本側は、七機のB‐29を撃墜したことになっている。これは実際に投弾した機数の七分の一ほどに当たる。

アメリカ側の記録でも、七機の損失が計上されている。ただしその数字には事故による損失も含まれており、戦闘機に撃墜された機体は一機のみとされる。

撃墜された一機は若松付近に落ち、その残骸が日本軍によって調査されている。日本は迎え撃つ側だから、地上で機体が確認されれば、少なくともそれは間違いのない戦果である。そしてこの戦果は、山口県の小月飛行場を基地としていた飛行第四戦隊の、木村定光准尉によるものとされる。ちなみに日本側では、木村准尉は二機もしくは三機のB‐29をこのとき撃墜したものと判断していた。

実は一機しか撃墜できなかった戦果を複数機としてしまうような戦果の誤認は、よくあったことである。しかしこのときは、それだけにとどまらない問題があった。

八幡が空襲を受けてから半月を経た後、大本営陸軍部は七月七日付でB－29邀撃に関する戦訓を作成した。そこでは第一の教訓として、「必墜に徹する攻撃」を次のように求めた。

B29の如きは命中部位に依りては直ちに其の発火或は墜落を齎すこと困難なるものの如きを以て一旦攻撃を指向せる敵機に対しては飽く迄之に喰ひ下り最後には体当たりを以て撃墜するの断乎たる決意を以て徹底せる攻撃を敢行し一機と雖も其の生還を許さざること緊要なり

B－29がきわめて墜としにくい飛行機であることを述べたうえで、あくまで食い下がって体当たりをする決意でやれ、一機も逃さないことが重要だと、こう言うのである。

「体当たりを以て撃墜するの断乎たる決意を以て（中略）一機と雖も其の生還を許さざること緊要なり」といわれたパイロットの心情はどのようなものだったのだろうか。B－29は、南方戦線で手こずった重爆撃機よりも高性能なのである。

戦訓ではまた続けて、次のように述べる。

飛行第〇戦隊（筆者注：飛行第四戦隊）木村准尉は射弾命中するを確認せるも発火に至らざるを以て体当りを期して突進を継続し彼我共に急上昇後遂に双方錐揉みに陥りたるも之が為B29を墜落せしむるに至りたり

木村准尉とあるのは、他でもない木村定光准尉のことである。准尉の、「体当りを期して突進を継続し」たことが、戦訓として示されたのである。

飛行機もパイロットも不足している中にあって、ベテランでも難しい夜間飛行を克服して邀撃の任について戦果を挙げられたというのは、本土防空を担う陸軍にとっても心強いものがあっただろう。しかしそこで、体当りの覚悟まで要求することは、また別の問題である。

木村定光准尉の戦闘を根拠として、大本営は「飽く迄之に喰ひ下り最後には体当たりを以て撃墜するの断乎たる決意」を戦訓として配布した。もしかすると木村准尉は戦闘中のある瞬間に、本当に体当りの覚悟を自分で決めたかもしれない。だが命令を出す側が体当りの決意を教訓として引き出し、全軍のパイロットに求めてしまうのは間違いであろう。なぜならそれは、他人に自殺攻撃を要求するのに等しいからである。

†北九州上空の体当り

八月二〇日、第五十八爆撃航空団は四度目となる北九州爆撃を敢行した。違うのは、それまでが夜間の攻撃であったのに対して、この日は昼間空襲となったことである。このときの日本側の利点は、中国大陸に向けた警備網が比較的手厚に構築できていたこと。中国の占領地に設けられた対空監視所と合わせて、本土では、済州島（いうまでもなく、朝鮮は当時日本の統治下におかれていた）を西端とするレーダー網があった。そのため、Ｂ‐29が上空に現れるまでに迎撃態勢を整えることが可能だったのである。しかも夜間とは異なり、戦闘機の行動も容易だった。

ただし昼間爆撃ということは、爆撃をする側にとっても目標の捕捉が容易になるという利点がある。

空襲警報の発令は午後四時三二分。小月の飛行第四戦隊、防府の飛行第五十一戦隊および第五十二戦隊、芦屋の飛行第五十九戦隊が邀撃に飛び立った。来襲してきたＢ‐29は六七機。それに対して日本側は、陸軍だけでも八七機もしくは八九機の戦闘機を迎撃に向かわせた。また海軍も、大村の第三五二海軍航空隊が出撃した。

北九州上空にＢ‐29があらわれたのは、午後五時ごろ。数梯団に分かれて、高度六〇〇〇メートルから七八〇〇メートルで進入し、五時五〇分頃までに、主として八幡製鉄所を目標に爆撃をおこなった。八幡製鉄所は、致命的な損害こそ受けなかったものの構内に二二六発の爆弾が投下され、コークス炉やベンゾール・タール製造設備などが破壊された（『北九州市史』）。

このときの戦闘で、飛行第四戦隊野辺重夫軍曹は樫出勇中尉と編隊を組んで参加していたが、両機が正面から攻撃するとき、野辺軍曹機がロバート・クリンクスケールズ大佐の乗機に体当たりを敢行し、大佐の機は左翼を切断され爆発、墜落。この衝突で生じた破片が後続のオニール・ストウファー大尉の操縦する機体に衝突し、同機も墜落するという憂き目にあった。なお野辺軍曹機も墜落。同機は二人乗りの双発戦闘機で、野辺軍曹とともに同乗の高木伝蔵兵長も戦死している。

野辺軍曹の体当たりは、全国的に大きく報道された。関行男海軍大尉率いる神風特別攻撃隊がフィリピン近海のアメリカ艦隊に突入したのが一〇月二五日である。野辺軍曹によるB－29への体当りは、それより二カ月も前に、報道のネタとして、また宣伝材料としても格好の材料として扱われた。

この日、B－29の損失は一四機にも上った。高射砲による迎撃も含めて、戦闘の激しさを示す数字である。

†「体当たり」を絵で崇める

野辺軍曹の体当たりは、中村研一によって描かれた作戦記録画《北九州上空野辺軍曹機の体当りB29二機を撃墜す》（一九四五年）の主題となった。

中村は、飛行機を用いた戦闘シーンを描くとき、全体を見下ろすような構図をとることが少なくなかった。その例としては、《柳州爆撃》（一九四一年）、《マレー沖海戦》（一九四二年）、《珊瑚海海戦》（一九四三年）を挙げることができる（どの作品も、東京国立近代美術館公式サイトの作品検索より閲覧可能）。攻撃目標が地上にあったり、あるいは軍艦であったりしたこともあるだろう。それは戦争の機械化が進んだ結果としての眺望だといえるが、同時に、それらは攻撃する側の視点でもあった。いずれもそこにあるのは、空間規模の大きい立体戦で日本軍が勝利することの高揚感、さらには敵を下に見る優越感もあろう。

しかし《北九州上空野辺軍曹機の体当りB29二機を撃墜す》は違う。二メートル半のキャンバスを縦に用いて、地上をはるかに見下ろす高空での戦闘、爆発・空中分解によって二機のB-29が墜落する瞬間を、やや見上げる構図で描いている。中央よりやや下方に、小さく描かれている黒煙を曳いた機体のようなものは、体当たりを果たして墜ちていく野辺軍曹の乗機だろうか。味方戦闘機部隊の視点で敵爆撃機編隊を攻撃するさまを描いてもよさそうではあるが、中村はそのようには描かなかった。

この絵の主題は、野辺軍曹およびその乗機ではない。軍曹が単機で、それも体当たりをもって二機の重爆を墜としたという出来事それ自体が重要なのである。したがって重点は、爆発で生じた煙と、飛散する二機のB‐29にある。

この作品は、筆触と色彩、光の扱い方にかなりの重点が割かれている。逆光気味に描かれていることで、絵自体に強さを感じさせる。また、夕方の戦闘であったということでもあろうが、青と橙・赤という対比が補色の関係をなして、夏の空により一層の輝きを与えている。そこに描かれた強さと輝きは、みずからの死をもってB‐29二機の同時撃墜を果たしたという行為の強さと輝きなのだろう。それはまさに、軍曹が「護国の鬼」と化した瞬間の輝きである。そしてそれは、夾雑物《きょうざつぶつ》がないだけに、より純粋で崇高なものとなっている。絵を見る私たちは、それを仰ぎ見る形、すなわち称揚するかたちで見せつけられるわけである。

昔から英雄や神格化の対象は、しばしば仰視（仰ぎ見る）する構図で描かれてきたが、そのわけは、描かれた人やものごとの英雄的性格を見ている人に伝達する機能があるからである。しかも野辺軍曹の体当りは、銃後にいる（筈の）自分たちの頭上で起きた出来事である。仰ぎ見るより他の構図は、おそらく考えられなかったであろう。

ところでこの絵を別の意味で、たとえば体当たり攻撃の悲惨さを描いたものとして理解することは可能だろうか。

現代人が、今日得られる情報をもとに、体当たりによらなければ任務を果たし得ないほどの厳しい現実――すでに取り返しようのない戦況や、航空機のあまりの性能差などの事情があったと、出来事の背景に横たわる要素を指摘することは可能だろう。しかしそれは、絵そのものとはほとんど関係のない話である。画家が用いた構図と色、筆触は、そのような語りを微塵もしていない。画家の努力は、払われた犠牲の精神を称揚する方向に向けられている。

いわゆる「戦争画」のうち、軍の委嘱を受けて描かれたものは作戦記録画、もしくは戦争記録画ともいわれるが、それらの絵が持つ性格は、日本を盟主とした「大東亜共栄圏」がアジアの新しい歴史を開くのだとする思想の下で戦われていた以上、単なる「事実の記録」（本当にそうであったかという問題はともかく）というよりも、描くことが「皇国の歴史」を作成する過程そのものであった。いうなればそこでは、神話や聖典の急造と歴史画の作成が、同時におこなわれていたわけである。そして展覧会では、観客も新聞報道などで出来事の概要は把握しているから、絵を見ることによってふたたび情動を感じ、また「偉業」をあらためて確認するのである。

そのような事情の下で描かれた以上、《北九州上空野辺軍曹機の体当りB29二機を撃墜す》で表現された力強さと明るさは、死をものともせずにおこなわれた体当たり攻撃を是としたうえで、軍曹による行為の神格化、また、それに対する感銘を表したものという他ない。そして日本軍は「皇軍」であり、したがってその犠牲は、公式には国家のため天皇のため（皇軍という言葉を思い出すべきである）に払われたものに外ならなかった。画家の努力は、まさにその称揚に向けられているのである。

画家と観客の情動は、支配イデオロギーと無縁では決してない。

†揉める帝国議会

中国奥地からの空襲と、北九州上空の体当り攻撃は、意外なところにも余波を及ぼした。体当りをめぐる話から、議会が紛糾したのである。

一九四四年九月九日午後に開かれた衆議院予算委員会で、松永壽雄《まつながひさお》議員が、来襲したB－29に対する戦果を十分だと思うかどうかをまず尋ねた。それに対する政府の答弁はなく、続いて松永議員は体当りに言及して、次のように発言した。

八幡の製鉄所が今やられると云ふやうな時に、前から飛び込んで行つて体当りをやつた人は国家を救うた、危急を救うた人でありますから、さう云ふ人に対して何か陸海軍、或は民間でも発意御相談せられて、私から言ひますと、救国章と云ふやうな名前を付けたメダ

ルでもやつて褒めて戴きたいのです

それに対して軍務局長の佐藤賢了《さとうけんりょう》陸軍少将が、政府委員として「救国章の制定等に関しては目下考へて居りませぬ、現在戦つて居る者は恩賞や金で戦つては居りませぬ」と答弁し、松永議員は質問をそこで打ち切ってしまったのである。それを受けて委員長が質疑終了を宣告したために、まず議事進行をめぐって異議が出た。そのときに「そんな答弁があるか」といったヤジが飛んでいる。

現在残されている会議録の文面からくみ取ることは難しいが、このとき松永議員に対して佐藤賢了のとった態度が、どうも不遜なものであったらしい。一五分の休憩をはさんで立った小《こ》山亮《やままこと》議員は「軍務局長の御答弁、議員に対する所の態度は甚だしく不親切であります、甚だしく無礼であります、而も甚だしく戦闘的な態度を御執りになりました」と批判、小山は続けて「大和一致の精神、或は団結を鞏固にすると云ふ気持ちが政府委員の方から破られて行くやうな感じがするのであります」と発言した。

このときの、委員会に出席した議員の佐藤賢了に対する風当たりの強さは、会議録に残されている次のやりとりからも見て取れる。

○佐藤（賢）政府委員　……
〔「取消シナサイ」「謝マレ」ト呼ビ其ノ他発言スル者多シ〕
○佐藤（賢）政府委員　取消サヌ
〔発言スル者多シ〕
○勝田委員長　静粛ニ――静粛ニ
○佐藤（賢）政府委員　只今ノ松永議員ノ御言葉ニ対シテ……〔発言スル者多ク聴取スル能ハズ〕私ノ御答ヘモ同様デアリマス、敢テ附加ヘテ申スコトハアリマセヌ
〔発言スル者多ク議場騒然〕

一見すると議員と軍部の衝突であるが、そこに反戦反軍の姿勢があるわけではない。それどころか、議員のほうが特攻賛美に過度にすり寄って、軍部がそれをはねつけるという奇妙な光景であった。また、政府と議員が団結を強固にしていこうというのは、今日の三権分立を前提とした議会政治では考えられない発言だ。ここで佐藤賢了軍務局長は、建前の上ではあくまで、政府委員として和を乱していると批判されたのである。

「特攻」という名で知られる体当り戦法を推進したのは軍の参謀たちだが、他方では、帝国議会の議員までが体当りをこのように称揚していたのである。

体当りを称揚し「救国章」を提案した松永壽雄は、少将まで昇りつめて退役した元海軍軍人である。一九四二年の選挙に大政翼賛会の推薦を受けて立候補し当選した人物で、いわゆる翼賛候補の一人であった。戦後、公職追放。一九五五年歿。

松永を庇い論陣を張った小山亮も翼賛候補の一人である。衆議院議員としては一九三六年より連続当選を果たしてきたベテランだが、松永同様に戦後は公職追放の処分を受けた。追放解除後に一旦は政界復帰を果たす。一九七三年歿。

軍務局長佐藤賢了はこのとき陸軍少将、つまり階級だけ見れば松永壽雄と同格である。一九三八(昭和一三)年三月三日、国家総動員法の審議の際に、ヤジに対して「黙れ」と一喝した、黙れ事件の張本人でもある。一九七五年歿。

†流行する「体当り」

橋本欣五郎といえば、南京攻略戦の最中、野戦重砲兵第十三聯隊の聯隊長だったときに、揚子江を航行するイギリス砲艦レディバード号を砲撃した人物として知られている。その橋本は右翼活動家でもあり、また一九四四年八月に、大日本翼賛壮年団の中央本部長に就任した。ちなみに大日本翼賛壮年団というのは大政翼賛会の関係団体で、青壮年を糾合した実践団体として一九四二年に組織された。戦時下の国内において、総力戦体制を下支えするためのさまざまな運動の担い手として活動した。
その橋本が、『翼壮は憤激挺身する』という本（というよりパンフレットといったほうが適切かもしれないが）のなかで、次のように書いている。

国家まさに危急存亡の秋、もはや何等の議論をも必要とはしない。われわれは、一路必勝道を驀進するのみである。が、人あつて、我が国に必勝の大道ありや否やと問ふならば、私は確実にあると答へたい。そして、その唯一の方法は体当りのみであると。飛行機で体当りをすることになれば、一機一人をもつて、優に三千人の乗組む一艦を海底の藻屑とすることが出来る。一機一人をもつて、B29四発十二人乗りを屠ることも出来るのである。これ必勝の戦法といはずして何ぞや。

奥付を見ると、発行が一〇月五日となっている。ということは、海軍の神風特別攻撃隊よりも前に書かれたものだということになる。組織的な体当り作戦を軍が採るよりも早い時期に、体当りを叫んでいた者が国内にいたという例である。なお当の橋本は、戦後、A級戦犯として終身禁固、一九五五年に仮釈放となった。一九五七年歿。
大人がこれだから、子どもに影響しないわけがない。

一九四四（昭和一九）年一二月一六日、神奈川県大船町小坂国民学校の初等科六年男組において、大日本教育会の指導のもとでの授業がおこなわれた。授業の主題は「B29を如何にしてやつつけるか」。

この授業の焦点はどうやってやっつけるかという点にあって、撃墜する方法を考え出す点にはない。このように書くと少しややこしいが、B-29が飛行する条件のどれか一つを阻害する、その方法を考えてみよということらしい。だから授業では、撃墜する方法を発表した児童はやんわりと釘をさされ、奇抜ながらも飛行条件を止めようとするアイデアを思いついた子は評価される。たとえば墨のようなものを発射して操縦者の視界を奪う、麻酔薬を発射して操縦者を麻酔させる、長い紐を垂らしてプロペラを止めてしまう、などというふうに。

そうしたなかにあって一人、「特攻隊のやうに体当りで落します」と答えた児童がいた。それに対して教師は、次のように指摘している。

それは撃墜ではないかな。（筆者注：先ほど述べたように、主眼は撃墜する方法の考案にはない）体当りをしなければならないことはよくないですね。体当りする人は日本人として最も立派な方々ですが、兵器を考へたり作つたりする立場の人から見れば、その方々に体当りをさせなければならないやうにすることは申訳のないことでせう。体当りをしてくれなくとも、勝てるやうなことを考へることが大切でせう。

ここから、「体当たりを壮挙のように煽り立てている世の中にあっても、それを否定する教師がいたのか」と読み取ってはいけない。授業の主題はあくまでB－29をやっつける方法の案出であるから、「兵器を考へたり作つたりする立場」で考えなさいと言っているのである。そしてこの授業内容が公に出版されたということは、特攻を称揚する世の中であったと同時に、教育目的を外さない教師もまた求められてもいたことをも示している。ただしその教育目的は、戦争遂行という国策におおきく左右されていたのであるが。

また「体当り」と答えた児童の存在と、それに対する一種の気づかいとでもいうべき教師の態度にも注意を払いたい。児童自身はそのとき意識しなかったであろうが、報道や教育に影響された結果として、大なり小なり身を挺して戦うことを自分の胸に刻み込み、あるいは優等生的であろうとすればするほど、おそらくそのように答えたであろう。「体当り」と答えたのは軍国教育の成果でもあるから、授業の目的に沿わない回答であっても、戦時下の教師としては頭ごなしに否定できないのである。「日本人として最も立派な方々ですが」という言葉が、そのことを表している。

†対B－29特攻のはじまり

東京都練馬区光が丘。現在は公園がひろがり住宅が立ち並ぶ一帯は、成増陸軍飛行場があった場所である。成増飛行場は、調布、松戸、柏と並ぶ帝都防空のための基地として建設され、B－29による東京空襲が開始された頃は、陸軍の飛行第四十七戦隊が展開していた。

飛行第四十七戦隊の装備機は、当時「鍾馗《しょうき》」の愛称で知られていた二式戦闘機である。二式戦闘機は、日本の戦闘機としては加速や上昇力にすぐれ、比較的重武装といえる機体だった。また、それを運用する飛行第四十七戦隊は、太平洋戦争開戦にあわせ、まだ試作段階にあった二式戦闘機と、その審査にあたっていたベテランによって編成された独立飛行第四十七中隊を母体とする練度の高い部隊であった。緒戦ではマレー、ビルマ方面に進出したが、ドウリットル空襲を受けた東京の防空体制見直しの際に呼び戻され、防空任務に就いていたものである。

しかし前章でも触れたように、高々度を飛んでくるB－29に対しては、日本の戦闘機は性能不足から総じて歯が立たなかった。そこで一九四四年一一月七日、関東地区の防空を担当する第十飛行師団では、指揮下にある各飛行戦隊にそれぞれ四機からなる特別攻撃隊の編成が命令される（後、八機に増やされる）。これは戦闘機から機関銃や防弾板などを取り外して重量を軽くすることで少しでも高々度性能を高め、体当たり攻撃によってB－29に対処しようとし

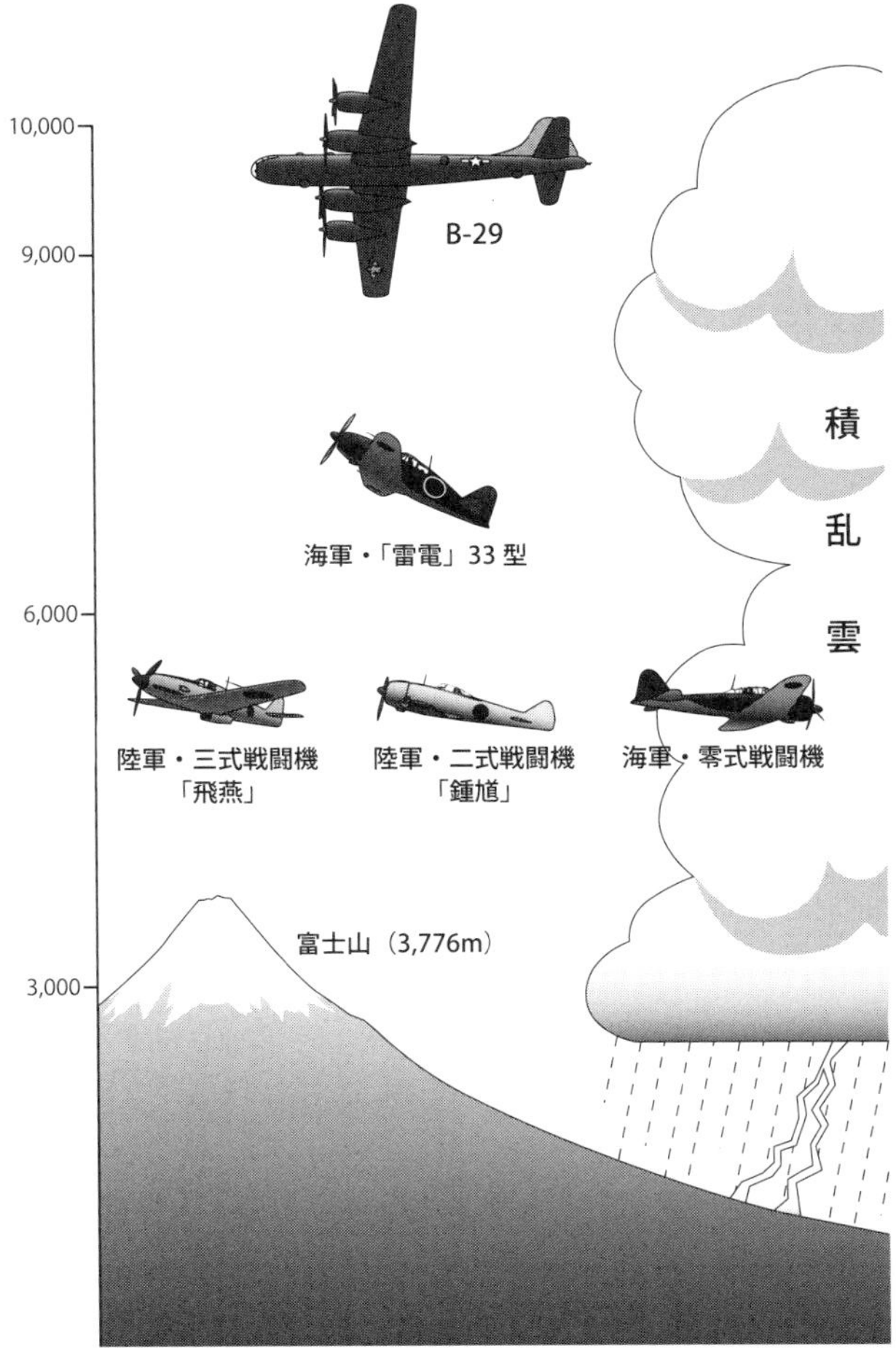

図 8-1　エンジン出力を維持できる高度（イラスト／ Studio Peace）

たものである。飛行第四十七戦隊も、その例外ではなかった。

第十飛行師団の命令を受けて、飛行第四十七戦隊でも四人の対空特攻要員を選出することになった。希望者は紙に「○」を書いて提出するというかたちで志願を募ることになったが、これにはほぼ全員が希望したようである。とはいっても全員を送り出すわけにはいかないから、結局、その中から人選がおこなわれることになった。

最初に選ばれたのは、見田義雄伍長、幸萬壽美軍曹、鈴木精曹長、坂本勇曹長の四人であった。隊員は後に入れ替えもあったが、このとき飛行第四十七戦隊では下士官ばかりが選ばれたことになる。

爆撃機に対する体当たり攻撃自体は、これが初めてではない。それまでにも各戦線で、なかなか撃墜できないアメリカ軍の重爆撃機に対して体当たり攻撃がなされることがあった。しかしそれらは操縦者の自発的行動によるものであって、上からの命令で体当たりを強いられたのではない。

一九四四年一一月二四日、マリアナを飛び立ったB－29による東京への空襲がいよいよ開始された。この日の目標は中島飛行機武蔵製作所。八丈島のレーダーがその機影を捉えるや、日本側も迎撃態勢に移る。無論、体当り攻撃を命じられた機体も上空で待機する。

この日、体当り攻撃に「成功」したのは、見田義雄伍長である。体当りを敢行した伍長の戦闘機は火の玉となって墜落し、体当りされたB－29も錐揉みとなって落ちていった。

さて、日本軍による組織的な、死を前提とした航空機による体当たり攻撃は、よく知られているように、一九四四年一〇月下旬のフィリピン戦における海軍の神風特別攻撃隊による対艦攻撃から始まっている。その翌月には陸軍も開始したが、いずれも軍中央も関わり事前の準備があったもので、単に現地指揮官の独断のみで開始されたものではない。

この、今日では「特攻」という言葉で知られる自殺攻撃については、軍内部にも反対する意見やためらう声があったが、優勢なアメリカ軍を前にした焦慮、有効な打開策を見いだせない状況もあり、特攻を推進する声に押し切られてしまう。この時期に日本軍は、陸海軍共に一線を越えてしまったと言ってもよいだろう。特攻はフィリピン戦のみならず、日本軍の戦法として拡大の一途をたどる。

第十飛行師団による特攻戦法の採用も、こうした流れを受けたものだろう。違いがあるとすれば、対艦特攻とは違って生還の可能性がいくらかあることだが、そのことをもってして特攻を指示した上層部を擁護することはできない。「回天《かいてん》」の名で知られている人間魚雷による水中対艦特攻も、また「震洋《しんよう》」（海軍）や「マルレ」（陸軍）といった高速艇による水上対艦特攻も、建前上は、衝突前の脱出が考えられてはいた。

そもそも、時速数百キロで飛んでいるもの同士をぶつけるのである。そうそう無事には済まない。

第十飛行師団では、こうした体当たり要員に対して「震天《しんてん》制空隊」という名を与えた。

†「死」を待ち望まれたパイロット

空対空特攻による最初の戦果は一一月二四日、いま見たように見田義雄伍長によるものである。見田伍長は、この攻撃で戦死した。一二月三日には、飛行第五十三戦隊（松戸）の澤本政美軍曹が体当たり攻撃によりB－29を撃墜し、同じく戦死している。こうした空対空特攻は関東地区のみならず、各地で用いられた。

飛行第四十七戦隊における二度目の体当たりは、一月九日、東京上空で幸萬壽美軍曹によっておこなわれた。このとき、無線で突入を知らせて体当たりを敢行した様子は、地上からもはっきり見えたという。

こうした空対空特攻は、フィリピン戦における対艦特攻とおなじように新聞や雑誌、ラジオ、ニュース映画などで華々しく取り上げられ、幸萬壽美軍曹はヒーローのように扱われた。

壮挙に酔った人びとは、やがて次の壮挙を求めるようになり、その反動で、あらぬ噂をまだ生きている者に対して投げかける。坂本勇曹長はこのときの様子を、七年後に、次のように回想している。

私は心苦しかった。出撃二十数回その度毎に、これが最期だと、地上勤務全員、感激して送ってくれた、その度に、任務を遂行できないで降りて来る時の気持と云ったらたまらなかった。

しかも、僚機はすでに半分も敵と体当りしているというのに、しかし、それは、唯単に、私個人の問題として、まぁ、いつか機会があったら、当たってみせる、という気持ちでまぎらわすことも出来た。だが飛行場の傍にある、私の家の近所で、私の事をあれは、恋人があるからぶつからないのだとか女房があるからだとか、いろんな噂が飛び初め、後には、妻の弟妹達までが、子供同志の間にそんなことを云われて居るという事を耳にした時には、本当に堪へられなかった。

（略）

家え《ママ》帰れば、帰ったで、そうした、近所の噂を耳にするものだから、義理の父母や友が、「家のことは心配しないでいゝから、立派に死んで呉れ」と激励して呉れ、妻は、いつも言葉少なに、たゞ、飛行帽の中に、香をたきこんでは渡して呉れた。（「私はB29に体当たりを敢行した」）

「あいつはなぜ死なないのか」という心ない噂を立てられたというのである。

坂本勇曹長がB－29に対する体当たりを敢行したのは、一月二七日のことである。B－29より撃ちだされる激しい防禦放火の中に突入した坂本は、自らが操縦する被弾炎上した機体を目標に向けたのち気絶。おそらく衝撃によって機外に放り出されたのであろう、彼は落下傘降下により生還した。

特攻賛美は、人びとをして次の特攻を待ち望ませ、さらに他の兵士を体当りへと追い込んだ。この問題は、軍隊内部に限られた話ではなかったのである。

†警視庁カメラマンが見た空襲直後の銀座

一九四五年一月二七日、東京に飛来したアメリカ軍の第一目標は中島飛行機武蔵製作所であった。航空機エンジンを製造するこの工場はマリアナのB－29部隊にとって最重要目標であったが、致命的な打撃を与えられずにいた。この日も目標上空の天候は曇。したがって目視攻撃は不可能であり、出撃した七六機のうち五六機が第二目標である東京市街地に対してレーダー爆撃をおこなった。このとき、アメリカ側は戦果未確認のまま帰還している。しかし地上では、きわめて大きな被害が発生した。アメリカ軍も予想しなかったであろう反応が起きていた。

警視庁カメラマンだった石川光陽《いしかわこうよう》は、警視庁の屋上から見た当日の様子について、「雲多く低く垂れ、異様な敵編隊機の爆音のみ頭上に大きく聞えるのみで、敵機影を見るを得ず。何処に投弾するかと思っていると、間もなく上野、浅草、本郷方面に物凄い爆弾投下の黒い煙柱が立ち上るのを認めた」と記している。

間もなく再び頭上にB29独特の爆音が聞えてきたが、今度はさっきより距離が非常に近くに聞えるが矢張り敵機は見えない。その時ザーと砂利を鉄板の上にぶちまけたような音がした。

坂警視総監は大声で「伏せろッ」と怒鳴った。てっきり間近かに、悪くするとこの地点に爆弾投下されたと思った。幕僚はみんな伏せている。私はどうせ飛ばされるなら撮影してからカメラを死んでも離すまいと思って構えていると、ドカンドカンと眼前新橋から銀座、京橋の線に投爆。焼夷弾混用らしく黒煙が数十本上り、忽ち火災が六、七ヶ所に発生した。

その歴史的情景を撮影していると、そっと横をみた総監が「石川どうして伏せないんだ危ないぞッ」と言った。私は「総監もう落ちました。前方を見て下さい」というと、総監ほか幕僚は立ち上って「畜生ッ、とうとうやったぞ。東京の中心街を……」。(『グラフィックレポート　東京大空襲の全記録』)

市街地に対する空襲は、それまでもなかったわけではない。しかし、昼間の空襲といえばそれまでは軍需工場が目標だった。警視庁幹部の「畜生ッ、とうとうやったぞ」という言葉には、首都東京の中心部が白昼堂々と眼前で爆撃されたことの衝撃の大きさがうかがえる。

石川光陽は、続いて撮影のために有楽町に出動し、爆弾によって朝日新聞社のガラスがすべて割られ、付近にあった自動車も破壊されてその中では運転手らしき者が死んでいることを確認している。山水楼は火災炎上、帝国ホテルの防空壕では数名が生き埋め、泰明小学校の職員室も爆弾が命中し教師が即死、数寄屋橋の安田銀行（現みずほ銀行銀座支店）も火災炎上。銀座まで来ると尾張町交差点（現銀座四丁目交差点）の路上にも爆弾によって開けられた穴があり、鳩居堂、御木本真珠店が炎上。地下鉄入口階段では避難していた七名が生き埋めとなっており、猛火にさらされながらの救助活動が展開されていた。

その後石川は有楽町駅へと向かい、そこで惨状を目にする。ガード下には、爆風によって衣服が吹き飛ばされ、体も千切れ、もがれた死体が老若男女問わず幾十も折り重なっていた。空襲の度に出動しては写真撮影を繰り返してきた石川も「その悲惨な状況に一瞬目を瞠った」と書き記している。

†伊藤整が体験した銀座空襲

伊藤整はこのとき、知人の依頼で引き受けた「華北種苗協会東京出張所長代理」という長ったらしい肩書の仕事を引き継ぐため、銀座の事務所に来ていた。書類や現金を机の上に広げて作業をしているときに警戒警報が鳴り、つづいて空襲警報が発令された。外からは、待避を呼びかける声、高射砲の射撃音、そして飛行機の音が聞こえてくるという風に騒がしくなる中で作業を続けていたが、「そのうちに、ズシンと近い所に大きな地響きがした。そらっと机の脚もとに伏せる。続いて二つ三つ少し離れた辺にも落ちる音がした。事務所の向い側でガチャンと硝子の割れて落ちる音がし、急にあたりがしーんとなる。（略）床に伏せながら、敵はこの銀座を狙っているぞ、すぐ次の爆弾が来るにちがいない。何という馬鹿なことだ。華北種苗などという縁もない会社の事務引継に立ち合ったりしていて千円かそこらの金のことで命を落とすかも知れぬ立場に陥るなんて、と強い悔を感」じた。

伊藤整は、知人ともどもも急いでその場を片付けて外へと出てみた。少し先では煙が立ち込め、赤い炎も見えていた。人びとが右往左往し、負傷者が運び出される中を彼は徒歩で移動し、六本木まで歩いてようやく動いている都電を見つけ、自宅に帰ることができた。

二月二日に、彼は仕事で、再び銀座へとおもむいた。そこで見たのは、立入禁止も解かれ、普段よりも多い人通り、それも「戦闘帽に巻ゲートル、それに鉄兜と下げ鞄とをつけるという、この頃の東京人の典型的な服装をした連中」が、「半ば心配げな、半ば面白そうな物見高い顔つきで、そら、とうとう銀座がやられたぞ、という表情をしながら」、時には立ち止まって焼け跡を見て回るという光景であった。

伊藤は、馴染みの酒場が消えたことを確かめ、そこを営んでいた女主人の身の上を案じ、そして若いときから通い続けてきた街の変わり果てたさまを見て、次のように述懐する。

去年の秋から冬、サイパンが奪われ、東京に敵機が侵入するようになってからは、銀座の町など幻のように思われるのであった。昔の銀座のような楽しい都市生活の内容はすでに無くなっていたが、それでもまだ、銀座の形だけでも残っていた。それが本当に残っているのではなく、ただ見る者の心に過ぎた日を偲ばせるための形象としてあるのであり、何時我々の視界から失われるか分らない、という感じを抱かせていた。とうとうその日が来たのだ。すでに何分の一かの銀座は失われた。そしてコンクリートの壁に七階か八階までも爆裂の痕をなすりつけられた百貨店や、焼け残って、一枚の斑点だらけの壁と黒い柱とのみ残った店舗や、三四日経ってもまだ煙のくすぶっている硝子とセメントと灰との焼けあとなどの続いた風景が、かえって当然なことのように見えるのも、私たちの心理的な予想が、すでに早くから出来ていたせいかも知れない。(『太平洋戦争日記 第三巻』)

戦時下の伊藤整は、戦争に協力的な文化人というその立ち位置によって、虚実ない交ぜながらも、戦局の推移にかかわる情報をしばしば得ていた。そして戦争には勝つべきだと考えつつも、戦争の行く末については悲観的に案じていた。空襲を受けた銀座に対して、悲痛でありながらも予測していたかのような感慨は、おそらくそうした事情から湧いて出てきたものであろう。

†墜ちてくる機体の恐怖

爆弾や焼夷弾ばかりでなく、ときには撃墜されたB－29そのものが墜ちてくることもあった。一九四五年二月一九日の空襲では、第一目標である中島飛行機武蔵工場がまたも靄と雲に覆われていたため、目視による照準ではなく、レーダーによって東京の市街地が爆撃された。この日は飛行第五十三戦隊の体当たりによって山梨県と東京都葛飾区に各一機が撃墜され、またもう一機が新宿駅付近に墜とされている。それらのうち、新宿駅付近に墜ちたときの様子が、二人の手によって記録にのこされている。

この日午後、警視庁の暗室で焼き付け現像の作業をしていた石川光陽は、外からかすかに聞こえてくる音に気付いて部屋を出、カメラを持って屋上に駆けつけた。そこで彼が見たのは、深川方面に爆弾を投下する編隊、および上野方面、世田谷方面から飛行機雲をたなびかせて来襲する編隊の姿である。そこに、警視庁警務部長を務めていた宮田笑内がやってきた。宮田は、石川と言葉を交わした後、ある方向を指さした。その時の状況を、石川は次のように書いている。

警務部長の指さす方をみると、B29の巨体が代々木方面上空で撃墜され落ちてゆくのが見え、忽ちその方向に黒煙の天高くのぼるのを見た。

その時、半蔵門の上空あたりをフワリフワリと落下傘で降下してくるのを見る。肉眼では敵か味方か判らない。双眼鏡で見るとはっきり敵機の搭乗員で、両手両足を盛んに動かして落下傘を操作して三宅坂警視庁官舎脇附近に降下した。警察官や憲兵に混って、多勢の人達が走っていくのがよく見える。又、京橋方面上空にも1名落下傘降下していった。

同じころ、新宿駅では、後に山田風太郎の名で知られることとなる一人の医学生が、帰宅途中に空襲警報が発令されたため学校に引き返そうとして、群衆のパニックに巻き込まれていた。

青梅口方面より新宿駅前へ抜ける細きトンネル状のガードあり。中に女子供群衆す。かきわけて通りつつ、危いかな、この近辺に投弾せられなば、爆風、トンネルをかえって数倍の颶風を巻いて通らんと思い、焦りてようやくガード出でんとするや、広場の彼方の土嚢の陰、防空壕より「危いっ、出るな、出るなっ」と発狂せるがごとき声飛び来る。頭上仰ぎてみな色変ず。

Ｂ29一機ちょうど頭上にさしかからんとし、わが戦闘機これに激突せんとし、敵狼狽して補助タンクを空に投げ――タンクを投げたるが先か、戦闘機の体当りせるはそのあとの印象なるか、ただ空に投げられたる銀色の物体がタンクなりや爆弾なりやもその時は知らず。ああーっというがごとき群衆の恐怖のうめきと動揺を背に、次にわが見たるは白煙ひきつつ墜ち来るＢ29の巨体なりき。

翼銀色にきらめきつつ、まさしく頭上にみるみる拡大して墜ち来る。ガード入口の悲鳴に、奥の者は波のごとく外へ出でんとす。入口の者は奥へ逃げんとす。みな、叫びしか、うなりしか、記憶せず。ただ記憶するは、男、女、子供、老婆ら、無数の見ひらかれたる瞳孔、ひきつれる蒼白の頬、力一杯あけられたる口の洞のみ。

次の瞬間、群衆とともにある危険を直感し、余ら脱兎のごとく広場に走り出で、転がるがごとく対角の軒下に走る。背後に、ド、ドーッという地響あり。「馬鹿っ、命がいらないのかっ」との怒号を耳にかすめさせつつ、軒下に立ちてふりむけば、新宿駅の背面に黒煙白煙うずまきて天に沖す。(『戦中派不戦日記』)

警視庁の屋上で石川光陽が目撃し、危うく山田風太郎の頭上へと墜ちてきたＢ－29は、新宿駅にほど近い渋谷区千駄ヶ谷の開業医宅へと墜落し、一家六名即死、周囲三〇戸以上の全半焼という被害を出した。搭乗員は、脱出に成功しパラシュートで降下した二名が捕虜となり、戦後アメリカに生還。残る九名は死亡した。助かった二名は、いうまでもなく石川が目撃したパラシュートに他ならない。

もっとも、墜ちてくる飛行機はアメリカ軍のB－29とは限らなかった。四月一九日、硫黄島から飛来したP－51戦闘機が関東地方を襲った。このとき所沢の陸軍飛行場では、フィリピンより帰還して戦力回復に努めていた飛行第三戦隊が訓練飛行中を襲われ、撃墜されたキ－一〇二襲撃機のエンジンが埼玉県入間郡藤沢村（現・入間市）の農家に突っ込み、中にいた住民が死亡するという事故が起きている。

†東京大空襲の夜の距離

三月一〇日の、東京大空襲の夜空を、徳川夢声は日記に、次のように書きつけた。

凄観！　壮観！　美観！

B29が青光りに見える。いつもより低空を飛んでいるので、いつもの三倍ぐらい大きく見える。それが炎の色の補色だろう、青く見える。時々、眩ゆいほどに、照空燈の光を全反射する。

一機ずつ、赤い空のあたりを、思い思いに飛んでいる。そして焼夷弾を落す。光りの球がフワリフワリ、燃えてるあたりに落ちる。

今夜、初めて見たが、あれは多分、吾が高射機銃の弾の光りだろう。まるで花火のように、数十の光る玉が、赤黄色の光りの球が、B29めがけて昇つて行く。

いずれも高速度で、落ちたり昇つたりしているのだが、遠いのでそれが夢のような、ゆつくりした運動をする。美しい！　と言つてはいけないのだが、他にそれを現わす言葉がない。(『夢声戦争日記』)

闇夜にきらめく多数の光は、人間の情動を突き動かすに十分であろう。そこから得られた感動は、時には論理をつき破ってしまう。赤い空の下では多数の人達が逃げまどい、焼かれていたことは、おそらく夢声も理屈の上ではわかっていたであろう。しかしそれでも、ここで美しいと夢声は感じざるを得なかった。

夢声が受けた視覚的な印象をめぐる問題には、すでに、今日の私たちとニュース画像をめぐる問題が顔を覗かせているように思われる。一九九一年一月一七日、湾岸戦争の勃発はバグダッドからの中継映像によって世界に知らされた。その後の報道はベトナム戦争のときとは異なり、多国籍軍なかんずくアメリカ軍の強い統制のもとに置かれ、夜空に飛び交う弾丸や、兵器に取り付けられたカメラがとらえた映像、あるいはまた精密誘導兵器による「ピンポイント爆撃」の威力が映像の迫力によってお茶の間にもたらされた。あたかもコンピュータ・ゲームのような映像が多数流されたことから、「ニンテンドー・ウォー」という言葉が用いられたことを記憶している人も少なくないだろう。

同時に一方で「誤爆」という、民間人の被害はあくまで誤ってもたらされたものだとする、国家と軍を免責するような言葉もしばしば用いられた。民間施設や非戦闘員は標的から外していますよという、現実にもたらされた人の死を前にしてはおよそ意味のない言葉が、湾岸戦争以降、まことしやかに多用されるようになったのである。この言葉は、人の死を単に確率の問題として捉えてしまう危うさを多分にはらんでいる。

話が少し行き過ぎたので、視覚の問題に立ち戻る。

私たちもまた夢声のように、どこかが爆撃されている映像に、美しさを感じとってしまうかもしれない。だが問題はおそらくそのこと自体にではなく、そうした情動を利用されかねないという点にあるのではないか。とりわけ、現代のように映像機器の発達と普及がいちじるしく、映像をシャワーのように浴びせられている状況の中にあっては、情報の取捨選択は難しい。統制によって当局者に都合の良い映像を、ことによっては摂取させせられているかもしれないのである。

さて、徳川夢声が「凄観！　壮観！　美観！」と日記に書きつけたのとほぼ同じ頃のことを、深川に住み三菱製鋼で働いていた大島辰次は、避難先の義姉宅で、もらった手帖に次のようにしたためた。

午後十二時近くに始まった空襲による火災の為め自宅は全焼、妻芳子、次男芳雄、四男広海、母養母はゑの家族四人は焼死す。自分丈頭、背中、足にかなりの火傷を負ったが、命だけは辛うじて助かる。（『東京罹災日記』）

おなじ東京でも、火が及ばなかった荻窪と、焼夷弾の雨の真っただ中にあった深川との距離がここにある。それはスペクタクルとして美しさを遠望できる地点と大量死をもたらした劫火のただ中との隔たりであり、また、テレビで戦争を観る私たちと、死者の出るさまを映し出される戦場との関係にもつながってくるものである。

†原爆投下

一九四五年四月一二日、ルーズベルト大統領が死去した。跡を継いだトルーマン大統領は四月二五日に、原子爆弾が開発中であり、もうじき完成するだろうという報告を受けた。このときすでにアメリカとイギリスの間には秘密協定が結ばれており、原爆を日本に対して使用することと、ソ連には秘密にしておくこととされていた。トルーマン大統領が原爆開発を知らされたときには、ポール・ティベッツ大佐を指揮官とする世界最初の核攻撃部隊、第五〇九混成部隊がすでに編成され、マリアナ諸島へと移動する直前であった。

テニアン島に異動した第五〇九混成部隊は、すでにマリアナに展開していたB－29とは別の行動をとった。秘密の核攻撃部隊である以上、ともに本土空襲に参加するわけにはいかなかった。その代わりに部隊は、訓練を兼ねてパンプキンと呼ばれる模擬原爆を日本各地に投下し、本番に備えた。

七月一六日、アラモゴルドで最初の原爆実験がおこなわれ、成功した。それから三週間後、八月六日の現地時間午前二時四五分、「エノラ・ゲイ（ENOLA GAY）」と名づけられたB－29がテニアン島の滑走路で離陸を開始した。続いて撮影班を乗せたB－29、観測装置を搭載したB－29が後を追うように離陸していった。任務は、リトル・ボーイ（ちび公）と名づけられた人類史上初の核兵器を日本に投下することである。第一目標は広島。先行する気象観測機からは、広島上空が目視の爆撃に適していることを知らせてきた。テニアンからおよそ七時間の飛行の後、エノラ・ゲイは広島上空に達した。爆撃高度は高度一一五〇〇メートル。太田川と元安川の分岐点にかかる相生橋がエノラ・ゲイの照準器に捉えられる。そして午前八時一六分、エノラ・ゲイより放たれたリトル・ボーイは、相生橋からやや南東に離れた島医院の上空五七六メートルで炸裂した。

†原子爆弾の後のB-29

八月七日、文学報国会の事務所を出て帰宅の途に就いた高見順は、新橋で会った義兄から「大変な話——聞いた?」と声をかけられる。このころ高見は文学報国会の仕事で、鎌倉から新橋まで通っていた。


「原子爆弾の話——」

「……!」

「広島は原子爆弾でやられて大変らしい。畑俊六も死ぬし……」

「畑閣下——支那にいた……」

「ふっ飛んでしまったらしい」

大塚総監も知事も——広島の全人口の三分の一がやられたという。

「もう戦争はおしまいだ」

原子爆弾をいち早く発明した国が勝利を占める、原子爆弾には絶対に抵抗できないからだ、そういう話はかねて聞いていた。その原子爆弾が遂に出現したというのだ。――衝撃は強烈だった。

(『高見順日記 第四巻』。筆者注:実際には、畑俊六大将は被爆するも難を逃れ、戦後A級戦犯として起訴され終身禁固の判決を受けた。大塚総監とは内務官僚だった大塚惟精のことで、中国地方総監として広島にいた時に被爆、死亡した。また当時の広島県知事高野源進は出張で広島を離れており、難を逃れている)

翌日、高見は電車で乗り合わせた今日出海に、新聞に広島に落とされた原子爆弾のことが出ていなかったか尋ねた。高見は新聞の配達を待ったが、家を出るまでに来なかったのである。今の返事は「新型爆弾だと書いてある」というものだった。

高見は、文学報国会からの帰りに買った東京新聞(当時は夕刊紙だった)に「新兵器に防策なき例なし」という見出しがあるのを見て、「ひどく苦しい表現だ」と感じた。

九日の新聞で新型爆弾対策を読んだ高見は、午後四時過ぎに林房雄から「えらいことになった」と声をかけられる。また新型爆弾の話かと思ったが、林が高見に伝えたのは、ソ連参戦の事実だった。またこの日、高見は、長崎にも新型爆弾が落とされたらしいという話を永井龍男から伝えられた。

以来、休戦の噂、徹底抗戦をするという話、原子爆弾が一三日に東京に落とされるという街の噂、そういったものがぽつぽつと高見の耳にも入って来るが、しかし対ソ戦の話も原爆の話も公然とはできない社会や、また黙して語らない民衆の表情に諦念の濃さを見て、高見は精神的な疲れを覚えてしまう。

原子爆弾以降、警戒警報にも高見は鋭敏になった。八月一四日に彼は次のように書いている。


警戒警報。一機の警戒警報は、原子爆弾出現前は問題にしてなかったものだが、――ちょうど警戒警報にまだ慣れなかった頃と同じように、真剣に警戒するようになった。

「――一機があぶない」みんなこういい出した。一機だから大丈夫、こういっていたのだが。


B-29が、核兵器を搭載する爆撃機になったのである。もちろん、今日の私たちのようには、当時の人たちは人類史上における核兵器の登場の画期ということについては考えが及ばなかったかもしれない。しかしそれでも、たった一機の爆撃機が一つの地方都市を吹き飛ばしてしまう威力を持つということが、戦争や空襲に対する見方をそれまでとは大きく変えるものであったことには違いなかった。

それまでは、一機だけであれば偵察飛行だと相場が決まっていた。ところが今度は、一機あるいは少数機だと、原子爆弾というおそろしいものを落とそうとしているのかもしれないということになったのである。そのことに恐れを抱いたのは高見順ひとりではない。荻窪で暮らしていた徳川夢声は、東京への原爆投下を心配し、家族を疎開させてひとり荻窪に残った。「B29一機、茨城から福島へ進入、埼玉地区にまで警戒警報が出たので、私は立ち上り、レインコートをとつて来た。咄嗟の場合、原子爆弾の熱線を防ごうというのだ」と夢声が記したのは一二日のことである。

政府が掴んでいる情報は、肝心なところが民衆に対して遮断されていた。そのため多くの人びとは、戦争が終わるのか終わらないのかやきもきさせられながら、原子爆弾の恐怖におびえねばならなくなったのである。

第一〇章　B－29搭乗員の処遇

†終戦当日の空襲

いわゆる玉音放送が流された一九四五（昭和二〇）年八月一五日、学校とともに長野県飯田市に疎開していた山田風太郎は、この日は「帝国ツイニ敵ニ屈ス」とだけ記した。真庭郡勝山町に谷崎潤一郎を訪ねていた永井荷風は、岡山の宿泊先に戻ってから放送があったことを知らされ、「一同平和克復の祝宴を張る」と記した。

東京に残っていた内田百閒は深夜の空襲警報によって起こされ続け、午前四時ごろにようやく寝たところを、五時三〇分の警戒警報で起こされた。正午の玉音放送では涙を流し、放送後に配達された新聞で、明け方に「福島新潟関東及び東北の各地に焼夷弾攻撃を加へ」られた事実を知った。

しかし日本政府がポツダム宣言の受諾を決定しても、なお空襲は続行されていた。八月一四日の深夜から一五日にかけて昭和天皇みずからが読み上げる「終戦の詔書」を録音する作業がおこなわれていたまさにそのとき、群馬県の伊勢崎、埼玉県の熊谷、および秋田県の土崎に対する空襲が開始されていたのである。一例を挙げれば、埼玉県の熊谷市はこのとき市街地の七割を焼失し、焼失家屋はおよそ三六〇〇戸。罹災者の数は一万五〇〇〇人を超えた。

また一五日早朝は、日本近海を遊弋《ゆうよく》する連合軍の機動部隊から多数の艦上機が発進したことを受けて、関東地方に警戒警報が発令されている。日本側からも迎撃に戦闘機が飛び立ち、房総半島上空では空中戦が発生した。

戦闘を停止するには指揮系統を通した手続きが必要だとしても、また、そこから生じるタイムラグが不可避的に発生することを念頭においても、こうした連合軍の動きは戦争終結を知りつつあえておこなわれた最後のダメ押しのようでもあり、また見方によっては如何にもアンフェアなように思われる。とりわけ市街地に行われた空襲は、戦争終結が決まりつつある以上、戦意を挫くという点において、もはや意味をなさないはずである。

八月一四日深夜から一五日にかけて空襲を受けた地域の人びとにとって、戦争の終わりは、同じ日本本土でも、その他の地域の人びととは異なるものがあっただろう。はたしてどれだけの人が、罹災した直後に、ラジオ放送に注意を払うことができただろうか。なぜならば、聞くべきラジオそのものが、空襲火災で失われたはずだからである。

言いかえれば、そうした地域では、B－29が玉音放送を吹き飛ばしてしまったわけである。

しかし、同じような問題は、日本側にもあった。

戦争状態を終わらせる過程で、戦いそのものを止めるべき時はいつであり、それがどのようにしてなされるのかという問題である。そしてその中では、捕虜を虐殺するという忌まわしい事件まで引き起こしていたのである。

†段階的に出された停戦命令

日本近海を遊弋する連合軍の機動部隊は、八月に入って艦載機による本土攻撃を繰り返したが、そこには、日本が降伏した際の東京占領にそなえて、関東地方に残存する軍事力を削いでおくという意味もこめられていた。

それに対して、機動部隊撃滅に努めよとする命令が一一日に大本営から出されたこともあって、海軍が攻撃機を繰り出すという状況が生じていた。このような動きは一五日になっても変わらず、その日午前中も、連合軍の艦載機が関東地方に来襲し、日本側もそれに対して戦闘機を飛ばして邀撃をおこなったわけである。また第三航空艦隊司令長官寺岡謹平海軍中将は、木更津から戦闘機の護衛もつけずに特別攻撃隊を発進させ、連合軍によって迎撃された。日本本土周辺のアメリカ軍が一五日の昼までに作戦行動を停止しなかったのと同じように、日本軍もまた、作戦はそのまま展開中であった。攻撃を受けた際の邀撃はともかく、ポツダム宣言受諾の動きを第三航空艦隊司令部がまったく知らずにいたとは考えにくい。寺岡中将は、せめて一五日の攻撃だけでも止めることはできなかったものかという疑問が湧く。

また、日本政府がポツダム宣言を受諾する旨の通告を連合国に対しておこなったのはたしかに一四日ではあっても、それは、戦闘部隊に対する停戦命令が同時に出されることを意味しなかった。

大本営が最初の停戦命令として海軍部隊に対して大海令第四七号を発令したのは、八月一四日のことである。しかしそこで止められたのは「積極進攻作戦」であった。これは連合軍が占領もしくは支配している地域に対する作戦を停止することを意味するのであって、自衛や反撃を止めるものではなかった。陸軍部隊に対する最初の停戦命令は、一五日の大陸命第一三八一号だが、ここで停止を命じられているのはあくまで積極進攻作戦に限られており、しかも「各軍は別に命令する迄各々現任務を続行すべし」という一文までであった。

大本営から陸海軍の部隊に対して、自衛の戦闘を除く戦闘行動の即時停止が命じられたのは八月一六日の大陸命第一三八二号、大海令第四八号であり、全面的停戦の命令はさらにその後となった。陸軍では、八月一九日付の大陸命第一三八六号によって、北海道を除く日本本土を作戦区域とする諸部隊に、二二日零時をもって一切の武力行為を停止することが命じられた。続いて二二日には大陸命第一三八八号の発令によって、北海道ならびに外地・占領地の二五日零時全面的停戦が命じられている（なおその際、中国所在の部隊については例外を認めた）。海軍もほぼ同様の経過をたどり、まず一九日付の大海令第五〇号により本土周辺における全面的停戦を二二日零時とし、二二日付の大海令第五四号で外地・占領地の艦隊司令部に対して「速に全面的停戦を指導すべし」と命令した。

つまり、軍の停戦指導が全面化するまでには、ポツダム宣言の受諾通告や玉音放送から、一週間を要したわけである。

このように停戦が段階的だったのは、指揮・命令系統を維持しつつ武装解除や降伏へと移行する技術的理由のほか、八月一五日正午を過ぎてもなお南樺太ならびに千島でソ連軍との戦闘が続いていた状況を鑑みての措置であった可能性を、歴史学者の山田朗は指摘している（『日本の敗戦と大本営命令』）。ソ連軍の攻撃が止まなかったばかりでなく、樺太の真岡では停戦交渉におもむいた日本側軍使をソ連兵が射殺してしまうというトラブルも発生した。また千島列島では、一八日になって、ソ連軍の進攻とそれにともなう本格的な地上戦が開始された。

†「終戦」により引き起こされた反動

紛争や戦争を終結させる段階では、それに抗うような動きや事件がしばしば見られる。アジア・太平洋戦争も、その例外ではなかった。

日本国内ではまず、戦争終結を受け入れがたい軍人たちの策動を挙げることができよう。そのうちでよく知られているものとしては、映画にもなった宮城事件があげられる。これは、陸軍省勤務の軍人数名が、国体護持を目標に戦争継続を画策したクーデター未遂事件で、皇居を占拠し、政府要人を捕えて戒厳令を布告しようとしたものだった。しかしこの計画は、同調を求められた東部軍管区司令部が鎮圧の方向に動いたことから失敗に終わった。

また厚木にあった第三〇二海軍航空隊は、玉音放送がおこなわれた後、同隊の司令であった小園安名大佐の下、徹底抗戦を主張するビラを空中より撒布し、また各地の基地に飛行機を飛ばせて行動を共にするよう呼び掛けた。しかし賛同者は得られず、小園がマラリアを理由に強制入院の措置をとられたことをきっかけに鎮圧された。

理屈の上では、戦争状態を終結させるのは停戦ではなく講和である。このことに関して歴史学者の大江志乃夫は、次のように述べている。

> 敗戦国政府は、理論的にはどのような講和条件をも主張する権利を有している。ただ、講和条件が合意にたっしない場合、戦争状態は継続中であるから、いつでも武力行為を再開することができる。したがって、武力行為の中止のしかたが講和条件を左右する。軍が無条件降伏し、戦争状態が継続中であるにもかかわらず全軍事力を解体することは、戦争状

態を終結させるための講和および講和の条件づくりのための降伏後の戦闘休止期間において、戦勝国が一方的に課する諸強制に、敗戦国政府は無条件にしたがうという意思表示である。(『徴兵制』)

この論にしたがえば、講和条件として国体護持をあくまで目指すための戦争継続も理論上はありうるわけで、宮城事件や厚木の反乱はそれを求める動きであったということはできよう。

このような例としては、第一次世界大戦の終結をめぐる連合国とトルコの動きを挙げることができるだろう。休戦協定を結び降伏したオスマン帝国が一九二〇年に講和条約を結ぶものの(セーブル条約)、アンカラに成立した新政府の抵抗によって、一九二三年にあらためて講和条約としてローザンヌ条約が結ばれている。

しかし一九四五年八月の日本では、戦争継続を求める働きかけが広汎な支持を得ることはなく、そのような動きは失敗に終わっている。

しかし他方では、そのような目的を伴わない事件も発生していた。

八月一五日の午後、大阪と福岡でそれぞれ、捕虜となっていたB－29搭乗員の殺害がおこなわれたのである。

†捕えられた搭乗員の扱い

ここで、戦時下の日本においてなされた、捕虜の扱いについて確かめておきたい。

今日ではよく知られているように、日本の捕虜に対する扱いは、きわめてひどいものがあった。とりわけ航空機搭乗員の場合は乗機が撃墜される際に捕虜となる例が多く、したがって単独もしくは少数で捕らえられることもあってか、捕獲される際に暴行を受けるか、あるいは後に殺されることも珍しくなかった。

澤地久枝の『滄海よ眠れ』は、ミッドウェー海戦における日米合わせて三四一九名の死者およびその遺族を追った作品だが、その中には、日本艦隊を攻撃した際に撃墜された捕虜をめぐる話がある。彼らは日本海軍の駆逐艦に収容された後、惨いかたちで殺されたと推察される。

捕虜に対する扱いがひどかったのは、なにも軍人だけとは限らない。日本本土空襲では、B-29から脱出したアメリカ軍兵士にとって、空襲で一方的に殺される立場に置かれた民間人からの復讐が脅威となった。本土防空戦に従事した日本軍戦闘機パイロットが、被弾した機体から脱出しパラシュートで降下した時の話は示唆的である。地上に降りるや、アメリカ兵かもしれないと疑われた彼らは、しばしば殺気立った同胞に取り囲まれた。詳細は不明ながら、一九四五年二月一六日のアメリカ軍艦載機による関東地方来襲の折に、パラシュートで降りた一人の日本海軍下士官パイロットが地元警防団員によって撲殺されたという話が伝わっている。

日本の民衆は、空襲時には命に代えてでも火を消すよう当局から要請されたが（一九三七年に公布施行された防空法では、逃げだすことが禁じられていた）、撃墜された敵のパイロットが降りてきた時の対処については、まったく教えられていなかった。空襲を受ける可能性について真面目に考えたとするならば、被撃墜機の搭乗員が降りてくることが考えられないというのは、いささか奇妙なことである。捕虜の取り扱いについて教えられていない人びとの中に、その人びとの居住地区を焼いた敵の搭乗員が降りてきたらどうなるか。これは他ならぬB－29の搭乗員が恐れたことであり、また日本軍の搭乗員も、そのことで我が身を心配しなければならなかったのである。

実際、地上に降り立ったB－29の搭乗員は、日本の民間人に取り囲まれたときに、しばしば暴行を受けている。そして、その後に引き渡しを受ける日本軍も、捕虜の取り扱いはきわめて劣悪であった。

一九四五年一月二七日の東京空襲（目標は中島飛行機武蔵製作所）で撃墜された一機に乗っていたハップ・ハローラン航法士は、現在の茨城県神栖市にパラシュートで降下し、群衆から暴行を受けた後に身柄を拘束され、東京憲兵隊に送られた。東京で彼は、三月一〇日の大空襲を間近に経験し、また、着ているものをすべて脱がされて上野動物園の檻に入れられて見世物にされるという屈辱を経て、大森俘虜収容所へと移送された（チェスター・マーシャル『B－29日本爆撃30回の実録』）。

戦後、日本を占領したアメリカ軍は、B－29の墜落に関するケースを詳細に調査した。岡山空襲の研究を続けて来た日笠俊男によれば、一九四五年六月二九日の岡山県児島郡甲浦村に墜落したB－29に関して、その年一一月にCIC（対敵情報部隊）の特別調査員がやってきて調査が開始された。調査は残虐行為の有無も含めたものであり、つまり米軍は、住民に戦犯の疑いもかけていた（日笠俊男『B－29墜落甲浦村1945年6月29日』）。東京でも、杉並区久我山の墜落機に関して、米軍の調査があったことを証言している人がいる（「わが家に墜落してきたB29」『週刊読売』一九七五年三月一五日号）。墜落にともなって搭乗員に死者があった場合、そこでは民衆による暴行が疑われたのである。

†捕虜扱いをされない「捕虜」

日本軍の捕虜に対する処遇の悪さは今日つとに知られているものであるが、日本にはもうひとつ問題があった。それは捕虜としての処遇を受けられない捕虜が存在したことである。

東部憲兵隊司令官だった大谷敬二郎は戦後、次のように書いている。本土空襲に飛来して撃墜され、日本軍に捕獲された捕虜は、「一般の俘虜（筆者注：日本では捕虜のことをそう呼んだ）

とは区別して捕獲搭乗員と呼ばれていた。(中略) 非軍事施設や一般民衆を爆撃して、家を焼き非戦闘員を殺傷している、国際法違反の容疑者だった」(『昭和憲兵史』)。

つまり、本土空襲に参加したB-29の搭乗員は、捕虜でありつつ、同時に容疑者として扱われたのである。

大谷によれば、捕虜の身柄を確保した憲兵隊では、事実を調査し、違反が認められないときは捕虜収容所に移し、また違反が認められたときは、軍律会議の審判にゆだねることになっていたという。

憲兵の取扱いは外事課防諜班で軍律違反の捜査を行ない、違反者は東部軍法会議に書類送致し検察官の指示により東部軍刑務所に身柄を送り、違反の疑なき者は軍司令官に報告し軍の指示により、これを俘虜収容所に送っていた。(『昭和憲兵史』)

ただし身柄の移送はスムーズにはおこなわれず、大谷によれば、五週間から八週間もの長期の留置を余儀なくされた。

この大谷の証言に、先に触れたハップ・ハローラン航法士の例を照らせば、目標が軍需工場であったからおそらく違反は認められず、しかし、捕虜収容所への移送には時間がかかったように思われる。なお、留置場での長期収容と、およびその処遇の悪さについては、条件を付けながらも大谷自身が認めているところである。

また日本では、国際法上における捕虜としての処遇を、陸軍大臣の管轄下にある捕虜収容所に移送された捕虜に限っていた。作戦軍に捕まっただけでも捕虜には違いないのだが、それは日本においては、「正式な捕虜」と見なされなかった。したがって国際法で認められた捕虜の権利は、収容所に移されるまでは（いいかえれば陸軍大臣の管轄下に移されるまでは、ということでもある）、日本では認められなかったのである。そのことも、収容所に入るまでの長い期間を無権利状態で過ごさせることにつながった。

†終戦の日に行われた虐殺

捕えられたB‐29の搭乗員は、収容所に移送されるまでの時間を、衣服や食事、医療を適切に与えられることなく、苦しみながら過ごすことになった。また重傷者は、助かる見込みがないとして、しばしば毒殺や斬首という手段で殺害された。

また、軍事施設以外の、非戦闘員の居住する地域に対する攻撃や非戦闘員の殺傷をおこなったことが疑われた場合は、空襲軍律にもとづく軍律会議（軍司令官レベルが権限を持つ、一種の法廷）で裁かれ、罰を科せられることもあった。この罰は基本的に死罪のみであり、ただし情状によっては監禁とされた。

一九四五年三月一七日の神戸空襲では墜落機の生存者二人が捕虜となり、大阪の中部軍で七月一八日に開かれた軍律会議で死罰となった。この件は戦後、横浜で開廷されたBC級戦犯裁判に起訴され、内山英太郎中将は懲役三〇年、中部軍法務部長の太田原清美少将は死刑（再審により無期懲役）を宣告された。

五月一四日の名古屋空襲では、撃墜された二機の搭乗員一一名が捕虜となって名古屋にあった東海軍司令部に送られ、七月一一日の軍律会議により死罰を宣告され、全員が斬首された。この軍律会議で検察官を務めた伊藤信男法務少佐はBC級戦犯裁判に起訴され、死刑（後、再審で無期懲役）の判決が下された。

この大阪と名古屋のケースは、捕らえられたB－29搭乗員に対して、軍律会議で死罰とされたものである。しかしこれから述べるように、その軍律会議すら経ることなく殺されたB－29搭乗員もいた。

まず、東海軍ではこの後、軍律会議を省略してさらに二七名の搭乗員を処刑し、その件で軍司令官岡田資中将が戦犯裁判で絞首刑となっている。

次の九州を管区とした西部軍（司令部・福岡）の事件は、軍司令部が関わる組織的な処刑で異様さが目立つ。

一九四五年六月二〇日、軍律会議を経ないまま、八名を司令部で斬首。なおこの日は福岡大空襲の翌日であった。八月一〇日、福岡市内の油山にて八名を処刑。うち五名は斬首により、二名は空手の技を試された後、斬首。最後の一名は弓矢による処刑を試されたが、それもうまくいかなかったため斬首された。そして八月一五日午後、玉音放送の後に、捕虜処刑の証拠隠滅を目的として生き残り一七名を油山に連れて行き、処刑。

この西部軍の事件は、規模が大きいだけに関与した人数も多く、戦犯裁判においては、絞首刑を言い渡されたものに限っても六名に上った（後、終身刑に減刑）。なお玉音放送の後の、証拠隠滅を目的とした処刑は大阪の中部軍でもおこなわれている。

ここに示したのは、戦後おこなわれたBC級戦犯裁判に起訴されたうちの一部である。それぞれのケースで論点はいくつもあり、それらについてここで述べることは筆者の力量からもいっても無理があるので、詳細については専門書にあたられたい。

このような、捕らわれの身となったB－29搭乗員の置かれた過酷な状況は、何に起因したのだろうか。少なくとも考えられるのは次の二点である。

一つは日本社会が、自国の兵士が捕虜となることを認めない社会だったことである。捕虜を不名誉なこととみなす考え方は、日本がとらえた捕虜に対する不寛容な姿勢にもつながった。

もう一つは、無差別爆撃という戦争犯罪の実行犯とする見方がまがりなりにもあったことである。ただし、他方で日本は中国大陸などで非戦闘員を巻き込む無差別攻撃をほしいままにしていたのであるから、その点できわめて不公平な姿勢を同時にとっていたことにもなる。しかしそれでも、戦後BC級戦犯裁判の起訴対象となった中部軍と東海軍による軍律会議は、歴史上、無差別爆撃を犯罪として裁いた世界的に数少ない例となっている。言いかえれば、地球上でおこなわれた無差別爆撃のほとんどは、罪に問われることなく現在に至っているということでもある。死罰の是非や軍律会議の公平性の問題も含めて、考えられるべきことであろう。

†救援物資投下にともなう事故の発生

先述したように、日本本土に対する空襲それ自体は、八月一五日の昼ごろを境に止んだ。しかしそれは、B‐29が日本上空に飛来しなくなったということを意味しない。

連合軍は日本本土に上陸する前に、まず本土の日本軍が停戦を遵守するか監視をしなければならない。

また、日本各地に存在した捕虜収容所から捕虜を救出することも急がなければならなかった。連合国は日本政府に対して捕虜の確実な保持を命じるとともに、八月二五日から、食料や医薬品、衣服などの物資の空中投下を、全国約六〇か所の収容所に対して開始した。これらの極度な不足は、戦時中すでに連合国の知るところとなっていて、中立国を通じて強硬な抗議を受けていた。

物資投下をおこなうB－29の飛来は、捕虜たちが心待ちにするものとなった。なぜなら、自分たちの身柄を引き取る連合軍の上陸まで、まだ時間が必要だったからである。遠く異郷に虜となり辛酸をなめた者にとってB－29は、解放の日が来るまでの、心の支えにもなったのである。

だが、このパラシュートを付けて投下される物資は、かならず捕虜収容所に落ちるとは限らなかった。目標を外れて落ちた食料を住民が横領した話は、野坂昭如が小説『アメリカひじき』に書いている。ただし実際に、住民によるそのような横領が実際におこなわれたかどうかはよくわからない。なお拾得した投下品は、最寄りの捕虜収容所に運ぶよう注意されていた。

ただ物資の投下は、事故も引き起こした。たとえば岩手県には、仙台俘虜収容所の第四分所（日鉄鉱業釜石）、第五分所（日本製鉄釜石製鉄所）、第十分所（東北電気製鉄和賀川工場）があった。そのうち八月二八日の第十分所への投下分は支障なく済んだものの、翌二八日の第四、第五分所への投下では、投下物資が建物を直撃して日本軍の兵士が一名骨折、気仙郡世田米町に落ちたものが水田の損壊と高圧電線切断という物損事故を起こした。つづいて三〇日、三一日は付近に物資が落ちた影響により、日鉄鉱業釜石の社宅が一部損壊。九月二日早朝には物資の一部（木箱）が日鉄鉱業釜石の社宅を直撃し三世帯分を損壊、また食事中の住民一名が飛散した罐詰により骨折した。なおこの日は電線の切断事故、捕虜の負傷も発生している。

このように事故が頻発したため警察は、戦争中と同じように、飛行機が飛来したら防空壕に退避するよう呼び掛けるなどの対処をおこなうとともに、住民の間に「不穏」な言動が生じないよう監視をおこなった（「連合国側飛行機ヨリノ慰問品投下状況ニ関スル件」、粟屋憲太郎・中園裕編『敗戦前後の社会情勢　第六巻　進駐軍の動向』）。

ここに取り上げた例では発生していないが、他では、住民や収容所の捕虜が投下物資により命を落とした例も見られる。戦争が終わったことで爆弾や焼夷弾に見舞われなくなったはずだが、捕虜収容所とその近傍では、捕虜に対する救援物資投下による被害が発生していた。

岩手県の事例で社宅に被害が発生したのは、捕虜収容所をその付近に設けたことにも起因する。なぜそんなことをしたのかといえば、捕虜を働かせるのに都合がいいからである。つまり捕虜への支援物資投下による住民の損害は、鉱山や製鉄所などで捕虜を酷使した歴史にもつながってくるのである。

しかしB－29にまつわる記憶が語られるときに、終戦後の支援物資投下による事故が語られることは、ほとんどない。

もっとも、ここで戦争終結後の捕虜救恤《きゅうじゅつ》にともなって発生した事故だけを強調することはアンフェアであろう。救援物資の投下は裏返せば捕虜に対する扱いの酷さを物語るものであり、その線上をたどれば、虐殺された捕虜、そして戦争終結が告げられたにもかかわらず証拠隠滅のために殺された捕虜もいた。戦いの最中にあっても無抵抗の状態にある者を殺すということは言語道断である。ましてや、戦いの終わりが告げられた後に捕虜を虐殺したという拭いがたい汚点は正視されなければならない。

Ⅳ

戦後のイメージ形成

†夢声、B－29の向うに戦勝国男性を見る

一九四五年八月二八日は、マッカーサーの来日に先立って、アメリカ軍の先遣隊が輸送機で厚木に飛来した日である。この日の自宅における様子を、徳川夢声は日記に次のようにしたためた。

> 娘三人は物干台に登り、見物していたが、段々双眼鏡の取り合いか何かで、派手な笑い声が聴える。
> （中略）
> 本来ならば、これらの飛行機に対し、私どもは切歯扼腕、拳を振り上げて、憎悪の瞳で白眼みつける場合であろう。
> それがどうだ。都民の平静なる！　平静どころか、吾家の娘たちは、大いに喜んでいる

かのような態度で、これを迎えているのだ。

平静の一人であつた私も、この笑い声を聴いた時、少し厭な気もちがした。何故彼女たちは、嬉しそうなのであるか、考えて見た。

(中略)

率直に言うと、娘たちは意識するとしないとに拘らず、B29を透して、戦勝国アメリカの男性に憧がれているのである。

どうも父親として、日本の男性として、こいつは甚だ以つて不愉快千万であるが、それが女性たるものの、もつて生まれた生物本来のあり方であつて見れば仕方がない。

B29は、次から次へ、低空を飛んで東から西へ行く。烈風が吹いているので、少々斜めになりながら、速力を成るべくおとして、ゆつくりと、誇らかに行く、私が見ても中中立派で、勇ましい。この荒模様の中を、えらいものだと感服する。(『夢声戦争日記』)

文中ではB－29とあるが、これはおそらく四発機のダグラスC－54輸送機を誤認したものであろう。これは後にDC－4として航空再開後に日本航空でも使用される機体だが、この頃は軍用輸送機として使用されていたものである。

夢声の記述は女性蔑視を含むものでその点につき注意が必要だ。敵愾心を持ち続けるべきとしながらもそれができない自分を見つめつつ、娘三人の笑い声を耳にして「厭な気もち」を抱く。そして彼は、「厭な気もち」がした自分自身について考えるのではなく、娘たちが嬉しそうな態度をとる理由について考えをめぐらせ、「戦勝国アメリカの男性に憧がれている」と決めつけたうえで、それが自分にとって不愉快千万であるとの結論に達する。

しかし、ここでB－29の向こうに「戦勝国アメリカの男性」を見ているのは、他でもなく夢声自身なのである。「日本の男性」という立場から、「戦勝国アメリカの男性に憧がれている」と勝手に想像を働かせて不愉快になるというのは、女性を「取られる」（＝本来なら自分を選ぶべき）という感覚に根差しているように思われる。

それは、日本人男性が女性を支配する権力性を喪失することでもあったが（事実、占領政策は、日本の女性を男性の軛《くびき》からいくらか解き放つことになった）、そのことに対する自覚は、おそらくこのときの夢声にはなかったものと思われる。

本章では、敗戦直後の日本においてB－29がどのように語られたのか、さまざまな資料から見ていく。まずは、明治生まれのジャーナリストの著作である。

†老ジャーナリストが西洋を見てとったB－29

茅原華山《かやはらかざん》。本名を茅原廉太郎《れんたろう》という。一八七〇（明治三）年生まれのジャーナリスト。日露戦争後の日本で植民地放棄を唱える「小日本主義」を主張した。大正デモクラシーという潮流の中で、普通選挙運動にもたずさわった。アジア・太平洋戦争期は沈黙を余儀なくされたようだが、敗戦の翌年、一九四六（昭和二一）年に岩波書店から『日本人民の誕生』を、本名で刊行した。

さて茅原は『日本人民の誕生』で、かつて『万朝報』の通信員としてヨーロッパに派遣された経験から、西洋をみて自国自民族について客観せよと説いた。

然るに今度西洋で最も進歩した米国が、始めはB29及び原子爆弾を以て日本を見舞つた。更に多くの将兵が日本を占領するが為に上陸してきた。西洋を日本で見せつけられるのだから、今度こそは、西洋と合せ鏡して自己を観照して見ねばならなくなつた。大に観照するがよろしい。

B‐29と原子爆弾に西洋を代表させたうえで、それと比較した自己の客観視の必要を説く。このような修辞がなされるところに、B‐29が日本にもたらした衝撃の大きさをうかがい知ることができる。

また、次の一文からも、B‐29の印象の強さを汲みとることができる。単に米軍を相手にという域にとどまらない、空からの衝撃に敗北したという実感が伝わってくる。

飛行機の時代に、飛行機が不足して、守勢をとるやうになれば、負けるに決つてゐるが、大本営の報道では、自分の飛行機がやられ、都市がやられ、軍需工場がやられたことは「我が損害軽微なり」「我に若干の損害あり」で誤魔化し、B29が毎日無数に墜されたことのみを報じてゐる。或人がこのやうに墜されてはB29もその内に種切れになるといつてをつたが、種切れどころではない、後から後からいくらでもやつて来た。そしてその時分の大本営からの宣伝は、如何にも乱暴狼藉であつた。米軍が上陸すれば、海上で、さもなければ波打際で、さもなければ上陸してから殲滅する。我国民は家を焼かれても、野宿しても、草の根を嚙んでも辛抱してゐろ、といふのだ。

戦時下にジャーナリストとして口を噤まざるを得なかった茅原は、何より人びとを無茶苦茶に駆り立てようとした軍部とその宣伝に、遅まきながらも怒りを向ける。この怒りそのものは、占領当局への気兼ねや阿《おもね》りといったものでないことは確かであろう。これは、本格的な本土空襲が始まって以降の、国内の気分が濃厚に伝わってくる文章である。と同時に、アメリカの軍事力の象徴としてB-29が持ち出されている点には注意をひかれる。わかりやすいたとえとして衆目の一致するところでもあったに違いない。

†ある教育者の反省

「かの巨大な銀翼を広げたB29の科学的な空襲に対して、バケツや梯子や砂袋などの防空施設は余りに芸が細かった」と書いたのは、大島正徳《おおしままさのり》である（『我が国民性の反省』一九四五年）。日本人は細かく小さく、西洋人は遠大だということを言いたいらしいのだが、西洋にも綿密な作業はあるのだから、いま読むと、これは反省として的を大きく外しているとしか思えない。

大島は、翌年に著した『落想録』でも、「大道に正座すれば、天下平安なり」と題して、次のように書いている。

考へてみると、私達日本人は、あまりに多く、かつ度々事を構へすぎはしないかと憂ひます。（中略）結局、芸があまりに細かく、成功を性急に求むるからです。「早めし早くそ芸の内」といふ俗諺がありますが、さういふ細い芸の政治をやつては、大国民の生活を遂げることは不可能です。ここでいふ場合ではないですが、天から火焔を降らすB29の大仕掛の工夫に対しては、バケツや、砂袋や、火たたきや、梯子昇りなどの防火陣はあまりに細かでした。もつと大きい構へが必要でした。

ちなみに前後の文章を読むと、修養として大きく構えることの必要を説いているのだが、バケツや火たたきが細かい芸だったとしても、ではB－29に対する大きな構えとは具体的にどういうものであるのか、大島はそのことについては述べていない。ただ「もつと大きい構へが必要でした」と言うだけである。

大島は、大正から昭和戦前期に活躍した教育者であり、哲学者でもある。だが『我が国民性の反省』にしても、本の題名とは裏腹に、彼が本当に戦争を反省しているのか、いささか怪しい。もちろん、反省対象は「国民性」に限定されているのだと言われてしまえばそれまでなのだが。

大島は、『我が国民性の反省』の別のところで、次のようにも述べてみせる。

B29の来襲を空に仰いで、これを物質文明といふのは当らない。これこそ、優れた精神能力の持主の作つた精神的権化であると言つて差支へない。我々の敗戦には、色々の理由があるが、世間で解するが如き物質文明の物量によつて敗けたのでなく、遺憾ながら彼らの知能的な精神的な能力の発揮によつて敗北を見るに至つたと思はなければならない。私達はいたづらに物質文化を非難攻撃するよりも、大量的に優秀なる物質文化を、私達の知能的精神能力の発揮によつて創造し、これを自由自在に取扱ひ、総じての意味に於て我が文化の水準を大いに高め、世界に貢献する所あつてしかるべきである。

物量に敗《ま》けたという側面だけを見てはいけない、というのはたしかに大島の言うとおりである。しかし他がいけない。物質ではなくて精神で敗けた、B-29はそれこそが精神的権化だというのでは、敗北前にあった「数ではなく精神力だ」という物言いとさほど違いはない。大島の言うとおり能力発揮という面で敗けたとすれば、では能力を出し切れば勝てたのだろうか。そうではあるまい。

続けて彼は、「余りに敵の姿を侮辱的に劣等的に見做し過ぎた」ことを批判する。それはそのとおりなのだが、それに対して持ち出されるのが「戦争においても道義的精神は昂揚されなければならない」というのだから、やはり戦争と、その原因である侵略的政策、および全体主義的傾向に対する反省については乏しいと言わざるを得ない。

ただし、大島に卓見がまったくないわけでは、ない。

隧道を作り、石炭や石油を掘出して、地球に穴を明け、色々の自然物を破壊して、遂に原子をも砕くに至つては、或は自分等の住む地球を、早く自ら破壊する事になるかも知れない。人類自滅の道を急いでゐるのかも知れない。
ここには、文明の行きつく先に対する懸念や、また核の使用がもたらすことについての未来予測が述べられている。これは、現在の私たちもまた反省すべき点であることは言を俟たないだろう。

†カナモジ論者・経営管理研究者の苦言

上野陽一は、能率に着目した経営管理の手法を日本で広めた人物である。一九二二（大正一一）年、渋沢栄一らが興した協調会に「産業能率研究所」を開設、企業や官庁などで能率向上の指導をおこなった。また一九二五年には国語改良運動を目指したカナモジカイに入会し、日本語の表記改革として漢字の廃止とカタカナの横書きを普及させようとするカナモジ論者としての活動にも力を入れた。一九四二年に日本能率学校（産業能率短期大学の前身）を創立した人としても知られる。

殊勲B29　B29！　これほどわが国民に深い印象を与へたものはない。この大型機こそは、今次戦争の花形であり、日本の航空機生産力を徹底的に打ちのめして、アメリカを勝

利に導いたところの殊勲者であつた。(中略)

質まで考へると、生産力は十倍以上　飛行機の台数ダケについては、四対一のワリになつてゐるが、さらにその内容と質まで考へてみると、比率はモット〳〵わるくなつて来る。

『新能率生活』)

ここだけ読むと、まるで上野がB－29を用いて勝った側のようにも見えるが、もちろんそうではない。上野のこの考え方は、工業力でアメリカに敗けたとする主張のバリエーションの一つである。

ただしそれは、一面でやむを得ないことであったろう。上野は東京帝国大学で心理学を学んだ後、テーラー主義に傾倒し、委嘱されてライオン歯磨や福助足袋などの生産ラインの能率改善とその研究に取り組んできた人物である。ちなみに戦時下日本と敵アメリカの生産ラインの比較は、上野の観察眼によれば次のようなものであった。

アメリカの検査　そこにいくと、アメリカの製品は、荒削りのまゝでいゝものは、決して仕上げをしてゐない。その代り精度を必要とするところは、あくまで必要な精度を保たせてある。私の家の庭にも、Bからいろ〳〵のものがおちて来た。それを拾つて、工作方法などをしらべて見ると、それ〴〵の用途によつて、それ〴〵の精度が保たせてある。日本のやうに、製品の性能とは何の関係のない部分にまで、仕上げを入念にし、塗料を施し、磨きをかけるといふやうなことをしてゐない。日本の製品は、くだらぬ部分にまで、手工業的器用さを見せないと、承知ができないやうに思はれる。そのクセ、大切な部分になると、その精度においては、アメリカの足もとにも及ばなかつた。

（中略）

つまりベークライトのツマミをセツセと磨いてゐる国と、そんなものは手バナシにしておいて、クランクシャフトのやうな高い精度を要する部分に全力をそゝいた国との戦争であつた。

ここまで読めば、B-29を「殊勲」と讃えたのもうなずける。それは上野なりの、日本工業界に対する皮肉であった。

上野の苦言は、敗戦の直前までさかんに放送されていた防空情報の表現にも向けられる。そこには、カナモジ論者としての上野の姿勢がはっきりとしめされている。

「目下の処、〇〇方面にはB29少数機の外、大なる敵機を認めず。」などゝいふ情報がでたが、これもをかしい。B29は大なる敵機である。B29がゐるのに、大なる敵機を認めずとは変である。恐らく「有力なる敵編隊を認めず」といふツモリなのであらう、それを「大なる敵機」とはマルデ小学生の作文みたようである。

（中略）

大体、情報が終始一貫、文章体でおし通したといふことが大なる失敗であつた。お婆さん、お爺さんはじめ、裏店のおかみさんまで聞いてゐるラジオである。そこにもつていつて「指向しあるもの〻如し」なんて、いつたつて、何がわかるものか。いくら放送しても何にもならない。苟もマイクを通じて一億の国民に呼びかけるのである。一人残らずわからせようといふ意気込があつて、然るべきではないか。

言葉はわかりやすいものでなくてはならないという上野の主張はもっともで、民衆にとって命にもかかわる放送が聞き取りにくいものであっては困るのである。戦時下にあって修理も容易にできない状況では、雑音の混じるラジオも少なくなかったであろう。そこにもってきて難解な言葉づかいをするのは、聞き取りにくさに輪をかけるようなものである。

上野の苦言が、戦争や空襲の責任を射程に入れるものではなかった、という点は指摘しておくべきかもしれない。しかしそれでもラジオの防空情報が、文語になじみのない人でも聞いて理解できるものでなければならなかったことは確かである（中部軍管区では、ですます調で放送したようであるが）。それを提供できなかった国家の責任を、上野はここで衝いたのである。

建築学者が観察した空襲と戦災

木造建築物に対する無統制と人口の過大集中を問題とし、「この木造建物の大集団こそ、他の文明諸国に絶対に類例を見ぬ我国都市構築上の致命的欠陥であつた」と書いたのは、建築学者の田《た》辺《なべ》平《へい》学《がく》である。田辺は言う。

> 僅か十ケ月間の空襲、それも本格的になつてからは正味五ケ月間の空襲によつて東京を始め全国一二〇都市が大損害を蒙り、その中の四四都市までは町の大半以上を喪失し、殊に大戦末期に至つては、一夜の空襲によつて数ケ所の都市が同時に地上から消滅し去る如き言語に絶した状態を現出するに至つた。（『明日の都市』）

防災を考慮した都市計画と、および建造物の不燃化を訴えようとするとき、江戸時代以来くりかえされてきた大火や、また関東大震災などではなく、このときの田辺にとってはわずか二年前の空襲被害こそが、木造建築物の火災に対する脆弱性を訴えるのに適した材料なのであった。

欧州戦における千機編隊の反復爆撃から見れば、問題にならぬ僅か数回の、それも最大機数B29二五〇機程度の空襲によつて、甚大なる被害を受け、戦前約一三〇万戸もあつた東京の建物は、その七〇％強を喪つて、僅か三七万戸内外に激減した。これと共に戦前の人口約六五〇万は四散流亡して、一時は僅かに約二四〇万（東京に対する本格的空襲の終了した昭和二〇・五・三一現在、三五区の総計）に激減せざるを得ない状態に陥つた。

空襲規模に関して、日本とドイツの間で懸隔があったことや、またハンブルク空襲やドレスデン空襲に代表されるヨーロッパ戦線の爆撃について、田辺がかなり正確な認識を有していた様子が、ここから見て取れる。事実、ハンブルクは一九四三年七月二四日から三〇日にかけてぶっ通しの空襲を受け、強力な火災旋風は防空壕の外にいようと中にいようと関係なく、人びとを焼き殺し、あるいは窒息死させた。ドレスデンでは一九四五年二月一三日から三日間にわたって、延べ一三〇〇機におよぶ爆撃機による攻撃を受けた。いずれも数万人規模の死者を出す大惨事となり市街は壊滅状態となったが、他方で日本の都市は、数百機の爆撃機による一回から数回の空襲で灰燼と化していたのである。日本の都市が持つ、火災に対するあまりの脆弱性を、田辺はこのように書いてみせたのだった。

しかし同時に、人的被害については、居住人口の減少を書くにとどまっている。考えられる理由は二つある。実質的に米軍が主体となっている占領軍批判になりかねないこと。そういった内容は検閲で弾かれるか、下手をすれば占領目的阻害行為として罪に問われかねないことであった。もう一つは、そもそも東京都および日本政府が、正確な死者の数を特定できていなかったこと。現在判明している民間人被害の実相は、一九七〇年代以降の、草の根レベルでの調査によって判明したところがきわめて大きい。

また、原子爆弾による被害があまり考慮されていないことも特徴として挙げてよいだろうか。いくら都市を不燃化しようが、おそらくそれは、核兵器を前にしては無力である。しかし原爆の被害について触れることについては、こと人道にも関わってくることでもあるからこそ、占領当局の検閲の目が厳しく光っていた。仮に田辺が広島の惨状を詳しく知っていたとしても、この時点で著すことは難しかったであろう。

†造船技術者のB‐29評

次のように評したのは、戦前からつとにその名を知られていた造船技術者の和辻春樹である。

Ｂ29の設計が発表されてから完成、即ち大量生産までに約二ヶ年半を要してゐるが、その間に日本の軍部といふものは何をしてゐたのかと非難して見たところが、事実は何ほど一生懸命になつたところが始めから之を防ぐ方法がつかなかつたことは極めて明瞭である。
（『夢幻泡影』）

和辻は大阪商船（現在の三井商船）の技術者として、豪華船「あるぜんちな丸」などの設計でその名を知られる。和辻は戦争前から事あるたびに、日本の技術力が欧米と比べてひけをとる状況を訴えていたが、その姿勢は戦争中も変わらなかった。彼は一九四三（昭和一八）年に文部省教学局から『国防と海運』と題するパンフレットを出しているが、そこでも「我が国の科学技術水準は如何なる程度なりやといふ問題になるが、その一部に於いて世界最高水準に達せるものもあるとはいへようけれども、概して未だ欧米諸国のそれに及ばず、なほ一籌を輸する（筆者注：おくれをとる、という意味）現状であるといふのが遺憾ながら事実であることをいなみ難い」と書いていたほどである。日本の技術力が敵国よりも劣るという現実は、技術者としてむしろ認めるべきだというのが和辻の基本的な姿勢であったのだろう。船と飛行機とでは勝手は違うだろうけれど、優れた技術者として「何ほど一生懸命になつたところが始めから之を防ぐ方法がつかなかつた」という判断を、戦中から抱いていたと見ても外れてはいまい。

では、次の一文はどうだろうか。

私はＢ29編隊を見る度毎に、美しい、人間の造り得る最も偉大な製品、それは科学技術の力だと嘆息を漏すばかりであつた。Ｂ29の空襲に右往左往して殆ど無防備に等しい守りで爆撃されてゐるありさまは、まさに科学の威力の前に科学なき民族がひれ伏してゐる哀れな姿だと思はざるを得なかつた。始めてＢ29が姿を現した当時から、私はあの飛行機は日本では三十年や四十年かゝつても造れぬものですぞといふことをよく人に語つてゐたものである。翼の大きさを同じにするとか、発動機を四基並べて装備するといふ真似は何でもなく出来るであらうが、その本質と性能に於てＢ29に匹敵するやうな真似は出来ないのであると言つてゐたのである。

おそらく、日本にはとても真似のできない美しい飛行機だという嘆息そのものは確かであろう。日本には造れないと人に語ったというくだりも、和辻であれば如何にも言いそうなことではある。

だが、技術者としての思考は、技術力を至上のものとするあまりに、「殆ど無防備に等しい守りで爆撃されてゐるありさまは、まさに科学の威力の前に科学なき民族がひれ伏してゐる哀れな姿だと思はざるを得なかつた」と和辻をして書かせるにいたった。

ここには、和辻春樹の屈折した心理があるように思われる。たしかに日本は、日本人の技術力では及ばない飛行機によって激しい空襲を受けた。しかしそれは、科学に疎かった結果として甘受してよいことなのだろうか。かつての日本も含めて、植民地統治や戦争に飛行機の力を利用した国々は、いわば技術差を戦争で利用した。そこには、被支配者や被侵略国を、科学力の伴わない「野蛮」として決めつける姿勢がなかったか。和辻の思考には、立場を変えた場合に、植民地統治や侵略戦争を「科学なき民族」相手の行為として正当化、もしくは免責しかねない危険性が含まれているように思われる。いうまでもなく爆撃という行為の悪さは、受ける側の科学力や技術力の「高さ」や「低さ」によって決まるものではない。

和辻の考えは、科学技術（この言葉自体、日中戦争がはじまってから、戦争を遂行する立場からしばしば使われるようになったものである）に関わる者としての反省という域にとどまるがゆえの限界があるように思われる。日本の航空技術が低かったのは確かとしても、それは、空襲被害を甘受すべき理由にはまったくならない。

†子どもの世界にしめされるB－29

戦後の子ども向け冒険小説にも、B－29が現れる。ただしそれは、空から恐怖の炎を振りまく存在としてではなかった。次に掲げるのは、一九四八年に刊行された中正夫『宇宙の秘宝』における描写である。そこにあるのは、三年前の空襲体験などどこかに吹き飛んでしまったかのような、無色透明な描写のB－29である。

世界の屋根ヒマラヤ山系の、神秘の白雪を頂いた絶頂が西につらなつている。かつて、インドから中国え《ママ》物資を輸送するため、この附近を飛んだアメリカ空軍のB29は、はるかな下界に、エジプトのピラミッドに数倍するピラミッドを発見したといはれたが、二度とその姿を見たものがない。
ありなしの国といわれたシャングリラはこのあたりではあるまいか。

ちなみに物語は、隕石に含まれる、ウラニウムと同じ性質を持つという架空の物質「トラチューム」をめぐって、日本人研究者高力博士とその子どもたちが、国際犯罪団ザカロフ一味を敵に回して冒険をするという筋立てである。高力博士たちは、この「トラチューム」から得られるエネルギー、すなわち原子力が、交通機関を発展させ、産業を興し、人類の繁栄と平和、文化や進歩をもたらすという希望的観測を抱いている。かつてB－29によって運ばれ、広島と長崎に落とされたおそるべき原子の力が、ここではきわめて楽観的な未来のエネルギーとして夢想されている。

空襲や原爆投下から、わずか三年で正反対のイメージが付与されている点に注意したい。アメリカが、敵でも加害者でもないことが、無意識のうちに強調されているのである。

教育でも、B－29への言及が見られた。ある学校が作成した教師向け指導書は、ルネッサンスと欧米における自然科学の発展に言及し、日本の理科教育について次のようなかたちで反省をしめしてみせた。

ところが、わが国では、ついこのごろまで、竹槍精神が重きをなしていた。もちろん、竹槍精神といわれる概念内容の総てが悪いのではあるまい。青竹を手に握つて立つ竹槍精神と、B29に原子爆弾をつんでくる竹槍精神との間には、中世と近世との隔たりがある、天地の隔たりがある。鎖国泰平の夢を破られて以来、わが国は、欧米の文明をとり入れて、大いに近世化されたが、まだ完全には近世化されきつていなかつた。(東京第一師範学校男子部附属小学校編『単元による高学年理科の実際』)

神がかり的な精神主義が理科教育の現場も侵食していたことへの反省であることは理解できるが、どうもこれでは一方で、空襲と原爆を肯定しているかのようでもある。何もここで

B‐29を持ち出さずとも、と筆者は思うが、それだけアメリカの（もしくは欧米の、ひいてはヨーロッパの）科学力を象徴する、大きな存在でもあったのだろう。しかしそれでも、ルネッサンスの精神と無差別爆撃を結びつけるのは、さすがに無理があろう。

†アメリカに対する感嘆と乏しい反省

以上、敗戦直後から一九五〇年代にかけての図書から、B‐29への言及が見られるものをピックアップして抜き出してみたが、そこからどのようなことが言えるか、もう一度確かめておきたい。

ここで見てきたように、敗戦からしばらくの間、B‐29はアメリカの何かしらを象徴するものであった。それは論者によって、自分たちの権力性を喪失させるものであったり、また西洋文明そのものでもあったりした。その意味でB‐29の威力とそれを作り出したアメリカに感嘆する表現が目立つが、同時にそれは、日本の国内状況に対する批判的視座をいくらかともないつつも、他方では日本の敗戦について、科学力でアメリカに敗けたとする枠組みにとどめてしまうことになった。

それは戦争責任の問題を、敗戦に対する責任問題としてのみ捉えかねないものであり、また同時に、中国をはじめアメリカ以外の国々に対しての敗北は、その認識を弱めることにもつながったものと思われる。

また、Ｂ－29について、その性能や威力を肯定するか、少なくとも否定的ではない言説があふれたことは、その後の日本の親米基調にもつながったように思われる。というのも、事実としては同胞を焼き殺したアメリカ軍重爆撃機でありながら、それに感嘆してみせるという、反米的姿勢とは逆のベクトルが示されたわけであるから。

他方でそのことは、空襲被害者（日本のそれに限らず）に関する記憶をしばらく社会の隅に押しとどめてしまうことにもつながった。また空襲やＢ－29に対処できなかったことに対する批判の強さが、しかし同時に、無差別爆撃そのものに対する批判へと結びつく形にならなかったことは、中国に対して日本がおこなった無差別爆撃への批判の弱さにも結びつくものと思われる。そのことはまた、戦争責任をめぐって国内に凄惨な状況をもたらした指導者層のそれは問題とされても、戦争の侵略性に対する意識が欠如していたことや、またアジアに対する優越意識が根強く残っていたこととも、おそらく無縁ではなかったであろう。

Ｂ－29を思考の端緒としつつも、そこから市民に対する無差別爆撃そのものを問うには、まだ至らなかったのである。

第一二章　アメリカの基地として

†朝鮮戦争の勃発

一九五〇年六月二五日、朝鮮人民軍の南下により、朝鮮戦争が始まった。この事態を受けてアメリカ空軍は、横田と嘉手納にB－29の部隊を進出させ、北朝鮮（朝鮮民主主義人民共和国）に対する爆撃を開始した。七月に入ると、日本の新聞紙上には再び、B－29による爆撃の記事が載るようになった。しかしそれらの記事は五年前とはうって変わって、空襲を受ける側としてではなく、傍観的立場もしくは爆撃をおこなうアメリカ寄りの姿勢をとって書かれることになった。もちろん当時は講和締結前で日本は連合国により占領されており、自立した立場から記事を書くことが難しかったということもあろうが、アメリカを中心とした国連軍の後方基地として支援する立場にあり、もとより批判的な記事が書かれるはずもなかったと思われる。

一九五〇年に勃発した朝鮮戦争でも、その初期において、B－29は圧倒的な攻撃力を示していた。嘉手納と横田を基地としたB－29は、当初は敵地上部隊をターゲットに、続いて鉄道や港湾、工業地帯といった戦略目標に狙いを移して、標的をほぼ破壊しつくすほどであった。

しかし同年一〇月一九日に中国人民志願軍が参戦するや、状況は覆される。中国には当時最新鋭のソ連製ジェット戦闘機ミグ15があった。中国領内の基地から飛んでくるミグ15を前にしては、さしものB-29も大きな損害をまぬがれることはできなかった。護衛も、やはりこちらも最新鋭であるF-86戦闘機でなければおぼつかず、その使用方法は、夜間作戦へと移行せざるを得なかった。しかしそれでも平壌をはじめとして、北朝鮮・朝鮮民主主義人民共和国の各都市が爆撃によって受けた被害は甚大なものであった。

†波及した事故

日本が爆撃の後方基地となるなか、大きな事故も起こるようになった。一一月一八日午後六時二五分頃、横田基地を離陸したB-29一機が東京都北多摩郡砂川村（現・立川市）に墜落、炎上し四戸が全焼、爆風は広範囲に及び、百数十戸が破壊されるという大被害を出した（図12-1）。事故機の乗員は無事だったものの、当時の新聞報道では乗員救出に向かったアメリカ人二名と日本人五名が爆死したと報じられており（『朝日新聞』一九五一年一一月一九日夕刊）、おそらく搭載していた爆弾が誘爆したものであろう。だとすればこの事故は、北朝鮮爆撃に向かう機体が墜落した可能性がきわめて高いように思われる。

また一九五二年一月二九日の夕刻には、川崎市馬絹（現・川崎市宮前区）にB－29が墜落し、爆発炎上した。このときは住民の被害が報じられていないが、三〇日の『朝日新聞』夕刊によれば、港北区茅ケ崎（現・都筑区）などに不発弾が散乱したらしく、横浜市警察が出動した。

つづいて同年二月七日午後一一時頃、入間郡金子村（現・入間市）にB－29が墜落炎上し、搭載していた爆弾が誘爆を起こしたため、消火活動ができない有り様となった。このときは乗員一三名が死亡するとともに住民四名が即死、七戸一四棟が全焼し、民家の損壊は約五〇戸に及んだ（『朝日新聞』一九五二年二月八日夕刊）。

B29墜落惨事

図12-1 『アサヒグラフ』（1951年12月5日号）

二月一九日には、飛行中のB－29が、東京都西多摩郡から埼玉県入間郡金子村にいたる各所に爆弾を誤投下し、アメリカ軍が出動して信管を抜く作業がおこなわれた（『朝日新聞』一九五二年二月二〇日）。

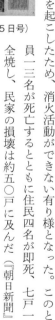

三月三一日には、青梅市でB－29が墜落して炎上。このときは、住民に被害は出なかった（『朝日新聞』一九五二年四月一日）。

このように事故が頻発したのは、いうまでもなく横田基地に配備されたB－29の行動が活発だったからである。朝鮮半島では、戦線が南北に大きく動いたこともあって、ほぼ全土が戦場となった。また対地攻撃でナパーム弾が多用されたこともあって被害もきわめて甚大であったが、横田基地周辺の被害多発は、そうした軍事行動のいわば裏返しの現象でもあった。しかし今日では、それらの基地被害も一般にほぼ忘れ去られ、朝鮮半島の空襲被害も日本では顧みられることが少ない。しかし、現在なお続く基地被害とその深刻さについて考えてみるとき、原点としての占領期の記憶をたどることは、決して無意味ではないだろう。それは紛争や戦争の後方拠点となったときに、どのような被害がもたらされかねないかを如実に語るものであるはずだ。

†冷戦における撃墜事件と日米行政協定

朝鮮戦争を機にアメリカは、日本をいわゆる西側陣営の一員とすべく、講和を急いだ。一九五一年九月八日に調印されたサンフランシスコ講和条約（翌四月発効）によって日本は独立を回復したが、その一方でアメリカ軍は、講和条約と同時に締結された日米安保条約により、占領時とあまり変わらない特権を有したまま日本に駐留を続けることになった。

それから間もなくして、北海道の東方で、B－29が撃墜されるという事件が起こる。一九五二年一〇月七日、根室警察署の監視所から、歯舞群島の秋勇留島と勇留島の中間より東方の海上にB−29が黒煙を吹いて落ちるさまが観測された。おそらくこれが北海道東方海上の、ソ連軍による最初のB−29撃墜事件であるらしい。

二度目は一九五四年一一月七日正午ごろ、ソ連戦闘機の攻撃を受けたB−29が、根室半島に墜落した。

なぜソ連戦闘機から攻撃を受けたのか。

同月八日付朝日新聞によれば、このB−29の任務についてワシントンは「通例の地理観測」と発表し、また東京にあった極東空軍司令部は「航空地理写真の撮影に当っていた」と説明している。しかし同時に国務省関係者の話として、「北海道と歯舞諸島との間の境界を決して越えたことはなかった」という発言が報じられている、
これらの言葉をあわせて考えると、観測ではなく、偵察飛行をおこなっていたのではないかという疑念がわく。根室半島と歯舞群島の距離の近さを考えると、越境していないということも言い切れるのか疑問である。

もちろん、ソ連側の反応が過剰であった可能性も考えられよう。確かなのは、根室半島付近が米ソ確執の舞台となったことであり、そこで、かつて日本各地を爆撃していた飛行機が撃墜される事件も起きたという事実である。

なおこのとき乗員は一〇人が救助され、一人は水死体で発見された。落石漁業組合員に救助

されたのが四人、根室本線別当賀駅にたどり着いたものが二人、また一人は根室郡和田村の漁師の家に救助を求めてきたという。機体そのものは、野付郡別海村上春別の農家に墜落し、家屋と付近山林を焼いた。

ところがこの後、墜落した現場で、今度はアメリカ軍が問題を起こすのである。九日から墜落機の周辺で警備を始めたアメリカ兵が、付近住民に向けて自動小銃を発砲して威嚇をおこない、また損害賠償のため特別調達局から調査を依頼された別海村村長を銃で威嚇し、撮影した写真フィルムを没収して返還を拒絶するという問題も発生した（日経一七日）。

二〇〇四年八月一三日、アメリカ海兵隊のヘリコプターが沖縄国際大学に墜落したとき、現場はアメリカ軍によって一方的に封鎖され、日本側の消防ならびに警察の当局者と大学関係者は立ち入ることができなかった。このとき日本の主権と、および被害者である大学の自治権は侵害されたかたちになったが、一九五四年にはすでに、それが形となって表れていたのである。この不公平さは、日米安保条約に基づく日米行政協定によるものだが、アメリカ軍に特権を認めるそれは、現在も日米地位協定として受け継がれており、沖縄県の基地負担をより大きなものにしている。

†貸本漫画の隆盛

サンフランシスコ講和条約の締結は、B－29の描かれ方にも変化を与えた。一例として、貸本漫画をみていく。

占領下では、検閲による影響もあって、明確に「敵」としてアメリカ軍を描くことは難しかったようであるが、それも占領の終わりと共に変化を見せはじめる。一九五〇年代は、サンフランシスコ講和条約の調印（一九五一年九月八日）ならびにその発効（一九五二年四月二八日）、そして国際連合加盟（一九五六年一二月一八日）と、日本が独立を回復し、国際社会に復帰した時期にあたる。政治的にはアメリカによる占領が終わり、経済的には復興期とも重なるこの時期は、「戦記もの」の出版ブームが起きた時期でもあった。

この出版ブームそのものは、占領末期には始まっていた。幕僚クラスによる回想記は、中には血沸き肉躍る調子で書かれたものもあり（たとえば辻政信『潜航三千里』）、占領下といえどもそこには、いわゆる逆コースの世相がにじみ出ていた。

戦争体験としてはもうひとつ、土曜通信社が発行していた『今日の話題　戦記版』が挙げられる。これは一九五四年に刊行が始まったもので、第一線で戦った将兵の体験記を募り、掲載したものである。吉田裕によれば、書き手は下級将校や下士官が多く、また兵種としては、航空機搭乗員が多い。また両者ともナショナリズム復権という点では共通するが、後者は軍上層部に対する反感も内包されるとする（『日本人の戦争観』）。

こうした戦争体験の語りとは別に、ポップカルチャーとして、フィクショナルな「戦記もの」も同じ頃に存在した。そのひとつが、これから取り上げようとする貸本漫画の戦記ものである。

貸本漫画の興隆期は、いまここで触れている「戦記もの」ブームの時期にほぼ重なる。当時の漫画家は若くても少国民世代であり、志願や徴兵によって軍隊生活を経験した者もいた。したがって戦争を体験したという条件においては、他の「戦記もの」の書き手と変わるところがなかったということができるだろう。

ただ貸本漫画における「戦記もの」が他の一般的な戦記と異なるのは、描き手自身の戦争体験よりも他者の戦争体験を描いたものが多かったのと同時に、かなりフィクショナルな作品も含まれていたという点にある。たとえば、後に自身の体験を下敷きとした作品『総員玉砕せよ』を描くことになる水木しげるは、この頃は自身のことよりも特定の海戦や空戦を扱った戦記漫画を多く描いていた。水木とともに兎月書房から作品を出していた瓦町三郎や萩原孝治も同様である。また曙出版から多数の作品を出したヒモトタロウは、実戦に取材したものを描きつつ、ときには荒唐無稽とさえいえる設定の創作をおこなっている。

一九五〇年代後半から六〇年代にかけて多数の作品を描いたヒモトタロウを例にとれば、曙出版および文華書房から刊行されて国立国会図書館に収蔵されているものは、共著もふくめて一〇一冊。その中には探偵ものや恋愛ものもあるが、半数以上が戦記漫画である。特定の公共図書館における収蔵状況だけをもって当時の様子を語ることには批判もあるだろうが、それでも一人の作家で半数に及ぶという割合は、貸本漫画の世界において「戦記もの」がいかに席巻していたかを示すものとみてよいのではないか。その題材は、ほとんどが太平洋戦争の日本軍で、事実に基づくものもあれば架空の物語もある。内容は、勝ち負けに関係なく劇的な内容をもつ。中国との戦争を描いたものはない。これは、当時の「戦記もの」の多くが太平洋戦線に目を向けていたこととほぼ同一で、アジアに対する眼差しをまったく欠いていたということができる。

彼の絵柄は今日の目から見るとリアリティにかなり乏しいのだが、実物の飛行機に関する資料の少なかった当時としてはよく描いた方であろう。おそらく読者に人気のあったことは、刊行点数の多さからうかがえる。ここでは、その作品から本土防空戦をあつかった二篇について述べてみたい。

『ああ神風』（曙出版、一九六〇年）は、北九州で結成されたという設定の、B-29に対抗するための架空の陸海軍混成の防空部隊を舞台として、キャラクター同士の交歓や女性との恋愛を

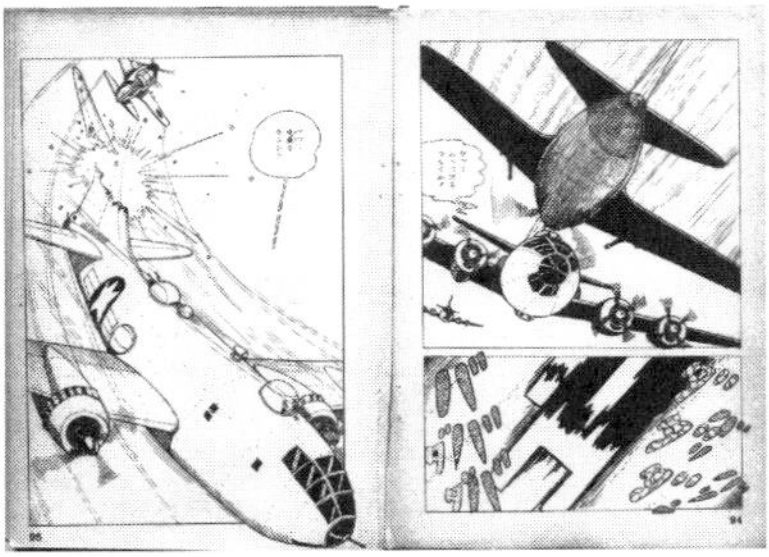

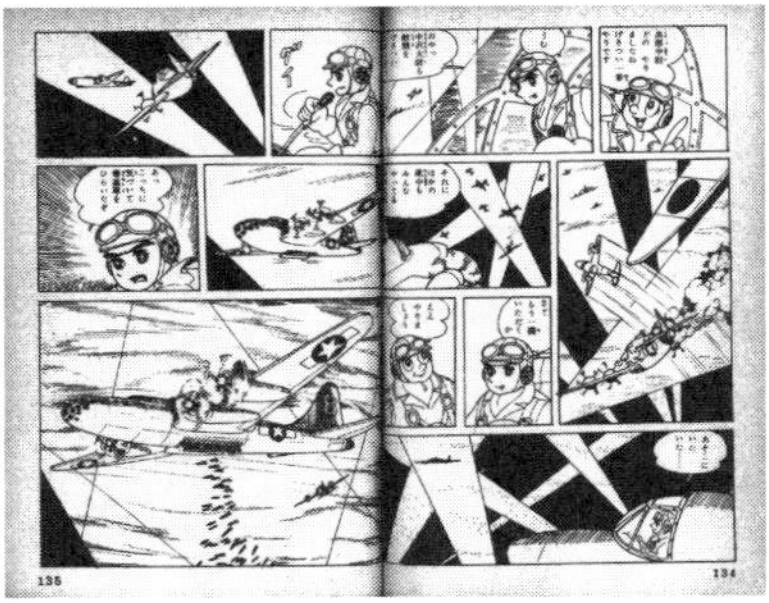

図12-2　ヒモトタロウ『ああ神風』／上
図12-3　ヒモトタロウ『B29殺し！』／下

経て、最後には特別攻撃隊として出撃するという物語である（図12-2）。登場人物が互いに戦果を競い合い、そして異性との交流や、また特攻に向かうというラストシーンを盛り込んでいる点は、後に描かれるちばてつや『紫電改のタカ』を思わせるものがある。ちばに影響を与えなかったかどうか、その点も気になる作品である。

「B29殺し！」は『戦記画報 2』（曙出版、一九六〇年頃）に掲載された短編で、北九州防空戦を下敷きにしたフィクションである（図12-3）。こちらは『ああ神風』とは異なって史実寄りの構成をとっており、おそらく、山口県小月飛行場を基地に二式複座戦闘機「屠龍」をもって北九州防空戦に従事した陸軍の飛行第四戦隊をモデルにしたのではないかと思われるが、空戦の顛末を日本側から描いたというだけのもので、感興に乏しい。ちなみにほぼ同じ頃、まさにその飛行第四戦隊で勤務していた樫出勇による「空戦手記　屠龍空戦録」が、『航空ファン』（文林堂）一九五七年五月号から五八年四月号にかけて連載されていたので、それを参考にした可能性があるかもしれない。戦記漫画はこのように公刊される戦記をもとに構想を練り、もしくは忠実になぞることによって描かれることも少なくなかったからである。

これらの貸本戦記漫画を総じてみれば、「敵」は多くの作品でやられ役に過ぎず、B－29もまた、実際に「強敵」ではあっただけに、物語の中でやられ役として撃墜されることの意味だけが大きい存在であった。そしてさらには、B－29は描かれても、そこに乗り組んでいたはずの生身の肉体をもった人間が描かれることはほとんどなかった。それはまた、「敵」は人間の身体性をまったくそぎ落とされた、その生や死について顧みる必要のないものとしてのみ描かれていたことを意味する。あるいはまた、単に災厄をもたらすだけの存在に過ぎない描かれ方であったともいえよう。

そのような構成をとる以上、戦いそのものはテーマとなっても、戦争に対する批判は、そこから生まれることは難しい。

†B－29がたどった道

アメリカ軍の圧倒的な攻撃力を象徴するものとしてのB－29像は、終戦直後からこの頃にかけて成立し、その後も長く受容されてきた。それは強烈な敗北の記憶をともなうものであるのと同時に、「アメリカの科学力（または工業力）」に日本は負けたとする戦争観に裏打ちされたものでもあった。独立を回復した後のポップカルチャーを見れば、貸本漫画を例に見てきたように、B－29は単にやられ役でしかなかった。漫画が反戦とはほど遠いかたちで戦記ブームに取り込まれている状況にあっては、B－29の扱いもまた、戦争に対する批判的関心には結びつき難いかたちで描かれていたと言わざるを得ない。

最後に、この後B－29と、その後継機がたどった道を記しておこう。

朝鮮戦争でソ連製ジェット戦闘機ミグ15に劣勢を強いられたB－29だが、この頃には、核爆弾搭載機として、より一層大型で航続距離が長く、また爆弾搭載量の大きいB－36爆撃機が生産に入っていた。さらには現在なお運用が続けられているB－52爆撃機の開発も始まっており、一九五〇年代を通して、さしものB－29も次第に旧式化していった。第二次世界大戦後も残ったB－29の中にはイギリス空軍に貸与された機体や、また空中給油機に改造された機体もあったが、それらも含めて一九六〇年までには実用機の座を退いた。

とはいうものの、核搭載機であるB－36爆撃機は、朝鮮の空に停戦まで投入されることはなかった。アメリカ軍の強硬派は原爆の使用を主張し、また一九五三年に大統領となったアイゼンハワーが核攻撃を含む中国への爆撃を承認しつつも、五三年七月の停戦協定成立によって核の使用は回避された。

朝鮮戦争の後に就役したB－52爆撃機は、ベトナム戦争で沖縄およびグアムを基地として、主にインフラや交通施設を目標とする、北ベトナムに対する爆撃（いわゆる「北爆」）を実施した。B－52は、現在も運用が続けられている。

しかし、その後も人類は米ソ両大国を中心として飛行機のみならず、高性能の爆弾、長射程かつ迎撃困難な弾道ミサイルや、また、より高精度での攻撃が可能な巡航ミサイルの開発を進め、また現在では無人飛行機（ドローン）も軍事的に実用化されて、戦闘力、攻撃力をますます高めて今日に至っている。現在アメリカ空軍が運用しているF－15Eは、戦闘爆撃機でありながら、B－29を凌駕する爆弾搭載量をもっている。地上の世界を焼くことに関する技術の歩みは、残念なことに、当分の間やみそうにない。

第一三章 野坂昭如とB-29

†空襲被害を意味するB-29

一九八八（昭和六三）年四月、野坂昭如原作、高畑勲監督・脚本の『火垂るの墓』の上映が始まった。この作品について高畑が、上映当時から「単なる反戦映画」として見られることに予防線を張っていたことは、古くからのアニメファンであればご承知のことと思う。

本作における高畑の制作意図は、強圧的に同調を強いる社会と対立してしまったことから兄妹が死んでしまうという悲劇にあり、親という庇護者のいた間はきわめて高い生活水準を享受していた主人公に対する、八〇年代後半の物質的豊かさの中に暮す少年たちの共感を得ようとしたものであった。

ところで、高畑勲の言う「単なる反戦映画ではない」というのはどういうことなのだろうか。長編アニメーションとしての企画の発端は、ライターの原口正宏によれば、『アニメージュ』編集長の尾形英夫による「戦争の時の子供の話をやりませんか」という提案だったという。尾形の提案を受けた原作探しのなかで「火垂るの墓」が浮上し、そして制作に先立ってまとめられた作品コンセプトの素案では、テーマとして「いのちの尊厳」が挙げられている。

高畑自身は、企画原案のシノプシス（これはそのまま、「「火垂るの墓」と現代の子供たち」と題して劇場用パンフレットにも掲載された）において、次のように書いている。

家族の絆がゆるみ、隣人同士の連帯感が減った分だけ、二重三重の社会的保護ないし管理の枠にまもられている現代。相互不干渉をつき合いの基本におき、本質に触れない遊戯的な気のつかい合いに、みずからのやさしさを確かめあっている私たち。戦争でなくてもいい、もし大災害が襲いかかり、相互扶助や協調に人を向かわせる理念もないまま、この社会的なタガが外れてしまったら、裸同然の人間関係のなかで終戦直後以上に人は人に対し狼となるにちがいない。自分がどちらの側にもなる可能性を思って戦慄する。

作品をめぐる高畑の考えは、戦争という枠にとどまらない、もっと普遍的な問題意識だったわけである。そういう意味の「単なる反戦映画ではない」だったのであり、反戦を特に否定したものではなかった。

そもそも、わずかな時間であれ高空を飛ぶB-29にフォーカスを合わせた演出をとれば、やはりそれは戦争を扱った作品として解され、その線上で「反戦映画」と受け止められるのはやむを得ないことであるように思われる。八〇年代において、銃後の戦争を描くときにB-29は欠かせない存在となっており、またそれ自体、空襲被害を意味する表象でもあった。

そのようなB-29のイメージは、どのようにして獲得されたのか。

一九七〇年前後に、戦災体験を中心に戦争経験を記録しようという動きが生じた。それは野坂「火垂るの墓」初出が一九六七年であるのとほぼ同時期でもあった。それまで戦記といえば、アジア太平洋戦争で幕僚クラスにあった者たちか、そうでなければ戦いの現場に身を置いた将兵が書くものだった。指揮する立場であれ手に武器をとった立場であれ、いずれも軍に身を置いた者たちによる戦闘体験記であることには違いなかった。空襲体験記がまったくなかったわけではない。しかし本土空襲を体験した者の多くは、まだ年少であったり、あるいはまた生活に追われていたりといった事情により、書くべき場を得ることができずにいた。

一九三〇年生まれの野坂についていえば、それは一四歳で神戸大空襲を体験し、それを踏まえた短編「火垂るの墓」を書くまで二二年を経ねばならなかった、ということになる。それはまた同時に、日本人が銃後の戦争体験としてのB-29像を手にするまでに、二〇年以上を要したということでもある。

その後、空襲を記録する活動が全国にひろがるのと呼応するように、日本本土空襲を題材とした作品が多く生み出されるようになった。アニメ版『火垂るの墓』が制作上映されたことも、その線上に置くことができるだろう。

そして野坂昭如にとってもおそらく、B−29は戦争にまつわる記憶を手繰り出し言葉を紡ぐにあたって、必要なものであった。

ちなみに記せば、野坂昭如の原作『火垂るの墓』におけるこのときのB−29に関する描写は、次のとおりである。

> ウォンウォンと押えつけるようなB二九の轟音切れ目がなく、ふりあおげば、これまではあるかなきほどの点からもくもくと飛行機雲ひいて、東へとぶ姿か、つい五日前大阪空襲の際、大阪湾上空を雲のあいまぬって進む魚のような群れを、工場の防空壕でながめただけ、今は、両手にあまる低空飛行で胴体下部にえがかれた太い線まで識別できる、海から山へむかいつと翼かたむけて西へ消え、ふたたび落下音

アニメ版では、六月五日の神戸大空襲に飛来したB−29とその編隊を、上空から見下ろし、またほぼ同高度から描くなどして各アングルから、機体の細部描写も含めてリアリスティックに演出していた。

小説とアニメーションとでは、どうしても、その表現手法の根本的な相違から乖離が生じるが、それはここでは問題にしない。

†『火垂るの墓』の受容状況

二〇一〇年代半ばに、日本社会における戦争観・平和観に関して、社会学的な意識調査がおこなわれた（吉田純編『ミリタリー・カルチャー研究』）。それによれば「あなたが推薦する戦争映画を教えてください」という質問に対しては、ミリタリー関連趣味の有無にかかわらず、一位が『永遠の0』（二〇一三年上映）、二位が『火垂るの墓』であった（なお、当該調査がおこなわれたのは二〇一五年）。

一九八八年の上映から四半世紀を経てもなお、「戦争映画」として支持されていたことがわかる。この理由について福間良明は、『火垂るの墓』が地上波テレビでいく度も放映されてきたことを指摘している。映画そのものが一般に、上映から時間が経つほど一般に忘れられる傾向にあることを思えば、これはうなずける理由である。

しかし、そのことは同時に、もし地上波テレビ離れともいうべき現象が進行した場合、『火垂るの墓』もまた、やがて忘れられる可能性があることも意味している。国内では、一九九一（平成三）年に有料テレビとして日本衛星放送（現ＷＯＷＯＷ）が本放送を開始し、その翌年には通信衛星を利用するCS放送が始まったことで、テレビ放送の選択肢が増加した。現在ではインターネットを利用した映像サービスもおこなわれており、一見すると、それだけ視聴者の選択性が高まっているようにも見受けられる。今後どれだけの頻度でアニメ版『火垂るの墓』が放映されるかは不明だが、視聴者の番組選択次第では、「推薦する戦争映画」としての順位を落とすことも考えられよう。

同じ調査には「体験記録やノンフィクションで推薦する作品を教えてください」という設問もあり、そこでも、回答者のミリタリー関連趣味の有無を越えた支持を得て、一位が『火垂るの墓』、二位が『はだしのゲン』であった。記録でもノンフィクションでもない両者が回答されたのは不思議だが、三位以下の回答もほとんどが小説で、フィクションとノンフィクションの区別が一般になされていない。フィクションとノンフィクションの区別が曖昧なまま受容されていることの意味と理由は本論から離れるのでここでは措いて、「火垂るの墓」に限っていえば、自伝的な小説として書かれたという面が受け入れられているようにも思われる。

というよりも、野坂昭如の「戦災孤児」というイメージ（ただしそれは虚構の経歴であった）を決定的にしたのが「火垂るの墓」であった。アニメ版『火垂るの墓』が多くの視聴者と支持者を獲得したことは、さらにそれを後押ししただろう。同時にそれは、「戦災孤児」の社会的記憶をつなぐことにもなった。

なお野坂は、アニメ版『火垂るの墓』上映の前年に刊行された『赫奕たる逆光』で、「戦災孤児」という経歴が嘘であったことを告白している。それまでにも自身でほのめかし、また研究者からも虚構ではないかと指摘されていたことだが（清水節治『戦災孤児の神話』）、養父は実際に空襲で命を落としたものの、養母は大やけどを負いながらも生きていたことがはっきりと明かされている。

†代表作として押し出された「火垂るの墓」

一九六七年、野坂昭如は「アメリカひじき」「火垂るの墓」で、直木賞を受賞する。翌年、その二作に「焼土層」「死児を育てる」「ラ・クンパルシータ」「プアボーイ」の四作を加えるかたちで『アメリカひじき　火垂るの墓』として単行本化され、さらに七二年には、収録順もそのままに新潮文庫にラインナップされた。

参考までに、ここでごくごく簡単に「火垂るの墓」を除く各作品の内容に触れておくことにする。「アメリカひじき」はCM制作会社を経営している男を主人公に、敗戦時の体験以来のアメリカに対する屈託やコンプレックスを書いたもの。「焼土層」は上京以来一度も会わなかった男の、養母の死をめぐる話、「死児を育てる」は子殺しをした母親が疎開先で幼い妹を死なせてしまっていたという話。そして「ラ・クンパルシータ」「プアボーイ」では、前者が敗戦直後の少年院に放り込まれた少年とそこにおける飢餓体験、後者では出所し新潟に引き取られた先での愛情に関するとまどいを性的に扱ったものとなっている。主人公への仮託の仕方はそれぞれ異なるものの、いずれも野坂の体験を踏まえて書かれたことが想像できるものだ。しかも「焼土層」という、後に「嘘」が告白されることになる、空襲でやけどを負った養母を扱った作品がすでにそこには含まれている。

そして表題作は「アメリカひじき」と「火垂るの墓」、目次の配列も、タイトルどおり「アメリカひじき」が最初に来ていた。

だが越前谷宏が指摘したように、アニメ版『火垂るの墓』とのメディアミックスによって、新潮文庫版は「アメリカひじき」と配列を入れ替えられ、「火垂るの墓」が冒頭へと移動した。またカバー表紙のタイトルも、「アメリカひじき」が消えて「火垂るの墓」のみとなった（背表紙および本体表紙、とびらは変更なし）。つまり文庫のトップに来る作品がアニメ版（ということはすなわち高畑版）の公開を機に入れ替えられ、カバーイラストもアニメ版『火垂るの墓』となった（越前谷宏「野坂昭如「火垂るの墓」と高畑勲『火垂るの墓』」）。

つまり新潮文庫版『アメリカひじき　火垂るの墓』では、野坂昭如の「戦災孤児」というイメージが、一九八八年のアニメ公開により、さらに強いかたちで前面に押し出されるかたちとなったわけである。

ところで野坂はアニメ版公開時のパンフレットで、「お涙頂戴式の」「かわいそうな戦争の犠牲者の物語に仕立て上げられたら、なおぼく自身、いたたまれない」と書いている。この言葉を、高畑の演出企図に関する説明「単なる反戦映画ではない」に呼応するものとして見る人もいるが（たとえばいま述べた越前谷宏がそうである）、ここで野坂が語っているのは、「反戦ではない」ということではなく、小説の虚構性についての負い目なのである。これは、直前で次のように書かれていることからもあきらかであろう。

ぼくは、作中の少年ほど、妹にやさしくはなかったし、いかに小説とはいえ、周辺の大人たちを、ずい分悪く書いているのだ。いわば、お涙頂戴式のおもむきがあって、申し訳ないというだけではすまない、といって罪の意識と大袈裟なものでもない。（「アニメ恐るべし」）

野坂にとっていたたまれないのは、「戦災孤児」という嘘、自らの経歴として養母を死んだことにして「かわいそうな戦争の犠牲者」を装いつづけてきたこと、そして祖母と養母を（野坂にとっては）なかば棄《す》てるようにして生きたことへの後ろめたさだった。たとえば『アドリブ自叙伝』では、「プレイボーイの子守唄」および「火垂るの墓」について「ずい分嘘がまじっていて、ぼくは読みかえしにくい」と書いている。「ぼくは自分のついた嘘、つまり、自分をあわれな戦災孤児に仕立て、妹思いの兄の如く描いた嘘が、一種の重荷として、はっきりのしかかって来た」。

反戦モノであるのかないのかという議論とは異なる、現実と虚構の齟齬《そご》に対する葛藤が、野坂の中にはあったのである。

†戦災孤児をめぐって

アニメ版『火垂るの墓』公開時の前売券用特典ポスターは、近藤喜文による、清太と節子が無数の蛍の中で戯れるイラストが使われた。その背景は一見すれば黒いベタで塗りつぶされているように見えるが、よくよく目を凝らすと、二人にまるで圧し掛かるように描かれているB-29が浮かび上がる仕掛けになっている。そのため、このポスターの蛍はまるで、二人に降り注ぐ焼夷弾のようにも見えてくる。

もっとも、暗黒の中に浮かび上がるB-29という仕掛けの背景は別のイラストを使用したチラシなどでも用いられているから、特典ポスターの蛍が焼夷弾のように見えたのは偶然の産物であるかもしれない。いずれにしても、制作側にとってB-29がそれだけ重要なモチーフであったことは確かである。

ところでB-29から降り注ぐ焼夷弾のようにも見えてくる蛍の、原作におけるその数に注目したのは、徳永淳である。

小説の冒頭で、清太の死体から見つけられたドロップの缶が草むらへと放り投げられると、そこからはずみで節子の骨が転げ落ち、「草に宿っていた蛍おどろいて二、三十あわただしく点滅しながらとびかい、やがて静まる」。徳永によれば、これは小説末尾の

昭和二十年九月二十二日午後、三宮駅構内で野垂れ死にした清太は、他に二、三十はあった浮浪児の死体と共に、布引の上の寺で荼毘に付され、骨は無縁仏として納骨堂へおさめられた。

と円環の構造をなし、「清太兄妹固有の物語から戦災孤児全体の物語へと拡大」したものだという。また同時に、清太の死が「戦災孤児等対策保護要綱」決定の翌日に設定されたことも、同要綱が「孤児」の救済につながらなかった事実に照応していることを指摘している（「野坂昭如「火垂るの墓」再評価――作品末尾の改変をめぐって」）。そのとおりだろう。

そこに付け加えるものがもしあるとすれば、このとき死をまぬがれた「孤児」たちは、後で述べるように、さらに長く過酷な人生をおくらなければならなかったという事実を忘れてはな

らないだろう。そのような「孤児」の生と死にまつわるいくつかの事柄が、「火垂るの墓」を通しB－29と分かちがたく結びつくかたちで、かろうじて社会的記憶となった。

歴史社会学者として、これまで「戦災孤児」というカテゴリーに括られてきた人びとをめぐる研究をしている土屋敦は、聞き取り調査をまとめた著書『「戦争孤児」を生きる――ライフストーリー／沈黙／語りの歴史社会学』の「はじめに」で、次のように書いている。

その「戦争孤児」当事者たちがしばしば言及するのが、この『火垂るの墓』であり、「自分の生活は、そのまま『火垂るの墓』のようだった」という言葉を私は何度となく聞いた。その意味でこの作品のストーリーはフィクションではあるものの、「戦争孤児」たちの生活実態に近い場面が多く描かれた映画である。

（中略）

「戦争孤児」たちの多くは空襲などで庇護者を失ったのちに、いったんは親戚宅での生活を余儀なくされるが、この親戚宅での生活は決して幸せなものではなく、そこで凄惨な経験をしている。清太と節子は親戚宅での生活を継続できずに、そこから逃げ出して浮浪児になるが、実際にそのような生活を送った「戦争孤児」たちが多かっただろうことが容易に想像できるはずである。

ここで『火垂るの墓』は、「孤児」として生きてきた人びとから、いわば「私たちの物語」として受容されていた様子がうかがい知れる。ここではアニメ版が念頭に置かれているようだが、あらすじとして大きな書き換えはないから、原作も含めて考えてもよいであろう。

子どもにとっては庇護者を失うということ自体が大変なことだが、土屋の聞き取りは、「孤児」たちの、さらにその後の過酷な人生を明らかにしている。浮浪体験も厳しいが、親戚などに引き取られても、それはかならずしも幸せなことではなかった。同年代の子どもが先方にいればなおさらである。待遇上の差別、子ども同士のいじめ、泥棒猫呼ばわり、朝から晩までの使役、病気になっても医者に診せてもらえない、等々。引き取り先での過酷な待遇に耐えかねて、ふたたび浮浪生活へと戻った人もいたという。また、教育歴の中断も多かった。やっと高校に通わせてもらっても、嫌味を投げつけられる。また成長しても、「孤児」というレッテルは、就職差別にもつながった。「親が揃っていないと子どもはまっすぐ育たない」という日本社会に強くあった偏見にもとづくものである。ようやく住み込みで働きはじめても、何かあれば疑いの目で見られたともいう。

とても書ききれないのでこれ以上は控えるが、そのような過酷な人生を歩んできた人びとが、まさにその過酷な体験の中に出てくる存命中の親族に声が届くことを避けたいということから何十年も声を上げられずにいたという事実にいたっては、想像するに余りある。

そのような体験をした人が、自分の生きてきた例として「火垂るの墓」(原作であれアニメ版であれ)を挙げたとすれば、庇護者を奪われた子どもたちの過酷さを伝えるという点において、やはり意義のある作品だったと評価することはできるだろう。

他方でその事実は、私たちの社会が、過酷な人生をたどった「孤児」の存在について、当事者が声を上げられぬよう抑圧しつつ、フィクションによってようやく、か細い糸のように記憶していたということも示している。

†B-29でよみがえるものごと

一九七八年、野坂昭如はテキサス州ハーリンゲンを訪れた。飛行可能なB-29に再会するためである。その理由を野坂は、「ぼくはもう一度、B二九の爆音を聞いてみたかった」とエッセイ「慟哭のB二九再会記」に書いている。目に見える姿かたちよりも、音である点が興味深い。それも、ただの音ではない。「B二九が百機も頭上をおおいつくすと、硝子戸はびりびりと共鳴をはじめ、木の葉枯枝もふるえ出す、人の話声が聞えないというわけではないが、なにやら空気の密度がたかまった感じ」と記憶を語り、自分の中にわだかまるものがほぐれやしないかと放送局が資料として持っているレコードを聞いたが、それは単に音響でしかなく、頭上からふりかかる爆音に身をさらしたくなったのだと。

ちなみに野坂も、戦争中に頭上を見上げた人びとと同じように、B-29を美しかったとは書いていている。しかし。

たしかに、いかに戦争とはいいながら、B二九の名は、市民に対する虐殺、屠殺と結びついている。

それにしては、B二九は美しい飛行機だった、冬空に一条の飛行機雲がのびていく、その先端に輝くちいさな機体がある、眼を凝らせば、四個のエンジンから、雲がひき出され、すぐ一つにまとまるのが見分けられた、雲は風に押されて、大きな弧を描く、それにしては禍々しい爆音だった、たった一機なのに、東西へ帯の如く長い神戸の町を、グォングォンと、悠然たる君臨ぶり、この偵察行を迎え撃つ友軍機も、高射砲の発射音もない。

視覚印象の話をしながら、たどる記憶は聴覚で捉えた印象に移っていく。

訪問が実現したのはよいけれど、操縦するメンバーには日本空襲に参加していた人もいると知り、どうやって挨拶をしたものか迷う。「被害者面もいやだし、天皇みたいに、まことに不幸な時代だったと、とぼけもならぬ」。これはいうまでもなく、一九七四年一一月一九日におこなわれた、フォード大統領を招いた宮中晩餐会における昭和天皇の発言「一時はまことに不幸な時代をもちましたことは遺憾なことでありました」を踏まえてのものだろう。あるいはさらに、一九七五年一〇月二日にホワイトハウスで行われた歓迎晩餐会で、やはり昭和天皇が述べた「私が深く悲しみとするあの不幸な戦争」も含まれているかもしれない。天皇の発言と、それに対するアメリカ側が示した好意と礼賛の姿勢、さらには、日米両国ともに外交上の儀礼や計算があったであろう発言とその反応に対して日本の報道が示してみせた、あまりにナイーブな感動ぶりも、その射程に入っているかもしれない。というのも野坂は、後で述べるように、天皇を含めた日本人全体の姿勢を問題にしているからである。

その後の野坂は、展示物の爆弾を見ては吐き気をもよおし、自分が経験した遠くの投下音近くの投下音がフラッシュバックする。それでも落ち着きを取り戻し、何のために自分がここに来たのか自問する。興味本位なのではないか、あるいは被害者の代表のつもりになっていないか。

ようやくB-29との対面がかなっても、素面では無理だと言って、戦争中のあれこれを思い出しながらウイスキーを飲みつつ機内を見学し、そして離陸するさまを眺める。

何度みても美しい機体、と思ったとたん、突然の吐き気のように、涙がとび出した。

どういう涙なのかは、自分でもわからない。せっかく見に来たB－29が頭上を何度も飛んでみせる。それは他ならぬ野坂がリクエストしたことなのだが、やがて恐怖すら感じはじめる。そして「間違ったことをしている気持も強い」と書き、「涙にはカタルシス作用があるという、いったいぼくの中の何を浄化したのか」と自分に問う。B－29の爆音が響く中で、「死者をあらためて弔う気持ち、その無惨な死にかたを悲しむ心もない、俺は何をやってるんだ、三十三年間の年月、そして今、何をやってるんだとのみ、くりかえし考え」た。

ここで「俺」という人称代名詞で書かれる対象は、筆が進むにつれて日本人全体へと拡大し、そして天皇へと収斂していく。野坂は、空襲や沖縄戦による死者を想い、補償もないこと、記録にも冷淡なさまを指摘して、このB－29を日本に呼んで飛ばしたらどうか、この音を聞くことでよみがえるものがあるのではないかと書いて、次のようにエッセイを終える。

単なる被害者ではなく、戦争にみんなが加担していた、三十三年前のことが、くっきり浮かぶのではないか。過去のこととして思い出せば、空襲体験は即ち被害者のそれになりやすい。しかし、現実にとぶB二九をみれば、かつての連続する戦争の日々を、まるごと出現させ得るのではないか、その日々の延長上に現在があると判るのではないか。「不幸な戦争」なんて言葉で片付けられてたまるか。それを口にするなら、せめて涙していえ。

このとき野坂昭如は、足早に歩みたがる戦後社会がとかく置き去りにしようとしてきた問題を、B－29にこだわることで蒸し返すことを考えていたのである。

戦争責任問題も含めて、アジア・太平洋戦争をどのように捉えるべきか。「戦災孤児」であったということもふくめていくつかの経歴が虚構であったとしても、野坂昭如が、その虚構と現実の間を行きつ戻りつしながら空襲体験を代弁してきたのは疑いようのない事実である。もちろん記憶の継承は彼一人の働きでは決してないが、私たちの社会がどうにか空襲体験の記憶を保ち続け得た原動力の一つであったことは間違いない。

これまで見てきたように、B－29の、晩秋から冬の空に飛行機雲をたなびかせて飛ぶその姿を「美しい」と表現する人は少なくなかった。では、その美しさはそのように語られるべきなのだろうか。

†「機能美」という言葉のいかがわしさ

ここで提起したいのは、私たちは、機械から感じ取った美について説明しようとするときに、安易に「機能美」という言葉を用い過ぎていないだろうか、という問いである。たとえばゼロ戦――日本海軍の三菱零式艦上戦闘機は、しばしば「美しい」といわれる。ためしにインターネットで検索してみると、「機能美」という言葉を用いて評価している人が多くいる様子もうかがえる。しかし現在、飛行可能で、かつ「栄《さかえ》」発動機を装備している零戦は、アメリカの保存団体プレーンズ・オブ・フェイム・エアミュージアムが所有する一機だけである。条件をゆるめてアメリカ製エンジンを搭載した機体を含めれば、飛行可能な機体はもう少し増える。しかし現存する零戦の多くは、外観は飛行可能なものと同じであっても、戦闘機どころか飛行機としての機能をまったく果たせない状態にある。

この場合、飛べない機体はそれでも「機能美」を有しているといえるのだろうか。あるいは機体を新造してアメリカ製のエンジンを載せることで飛べるようにした「零戦」がいくつか存在するが、それは大戦中に日本で作られたオリジナルと同じ「機能美」を有しているのだろうか。

模型を例にとって考えてみよう。実物の、たとえば四八分の一に縮小され、塗装や汚れもリアリスティックに施されたB‐29の模型があったとして、その模型からファンが感じるのは、はたして「機能美」なのだろうか。考えてみれば、たとえ見た目がどれほどリアルであっても、その模型を飛ばすことは不可能なはずである。手で勢いをつけたところで、すぐ地上に落ちてしまう。なぜならばバランスは実物とまったく違うし、空気の抵抗も粘りも実物が受けるそれとは異なるものなのだから。だとすれば、そこにあるのは「機能美」と呼べるものではないはずだ。

なにかを美しいと感じたとき、それを言葉に表して他者に伝えることはなかなか難しい。そこで工業製品から感じた美しさを伝えようとするときについ用いられるのが、おそらく「機能美」という言葉なのであろう。しかし人が何かを美しいと感じたときにともなう情動は、もっと多様かつ複雑なもので、たった一語にまとめられてしまうものではないはずである。デザイン史家のジョン・ヘスケットは、一般論だと断りといれつつも、「デザインされた形と機械的機能とはイコールではない」と指摘している。その一例として彼は一九世紀前半に登場したクリッパー船（快速帆船）を挙げて、次のように述べている。

めざす市場に品物が早く届けば届くほど高い値がつくので、スピードに関する計算から船体の形が決まってきた。その結果、船内の状況を最適にするための条件の方は押し切られていた。この二次的な領域では、機能の方が形態に従わざるをえなかった。（榮久庵祥二、GK研究所訳『インダストリアル・デザインの歴史』）

にもかかわらず当時の人は、人間と自然の調和であるかのようにとらえたとヘスケットは言う。「ロマン主義的な、汎神論的な意味において、美は自然によって規定された機能主義と同一のものとみなされた」

やはりデザイン史家の柏木博によれば、日本では近代に入って「用」と「美」の接合が主張されてきたという。工業製品が一般の人びとの意識に上るようになると、一九二〇年代から「機能主義」が台頭してくる。しかし「機能主義」はものの形態を決定したのか、と柏木は問う。

おそらく、「機能」と「形態」との結びつきは、その表層において自由だからだと言えよう。（中略）最低限の「用」を「機能」的に具体化することを条件として、ものの形態はほとんど、「機能」そのものから自由であり得る。

とすれば「機能的なるもの」とは、人々にとって、「機能」を感じさせる形態でしかないと言える。極端な言い方をすれば、動物の形をしたラジオも、飛行機のコックピットパネルを模して作られたラジオも、その「用」に関してはほとんど同じであろうし、（中略）けれども人々は後者に「機能的なるもの」を見るのである。（『近代日本の産業デザイン思想』）

今日なおも続く、人の手によって作られた「もの」の姿かたちに真理や本質、理想といったようなものを見ようとする姿勢は、プラトン哲学のイデア論を変容させつつ継承してきた西洋美学の影響もあるのかもしれない。しかし機能は、「美」において関与はあっても、決定的な要素ではないだろう。考えてみれば、たとえば一九三〇年代に流行した流線形の乗り物は、あまりに多くのバリエーションを持ったではないか。ふたたびここで零戦を持ち出せば、それはたとえばイギリスのスピットファイア戦闘機とともに「機能美」という言葉だけで語れるものだろうか。

B-29は確かに、当時としては抜きんでた性能を持つ、優秀な飛行機械ではあった。しかしその「美しさ」について語るときに、そこからもたらされたものすべてを「機能」の一点に帰着させる考え方はむしろ避けるべきではないか。

†「流線形」はどのように機能するか

乗り物の速度を上げるにはどうしたらいいか。動力の強化など手立てはいくつかあるが、その乗り物の周囲を流れる空気や水の流れを整えて抵抗を減らす、というのも一つの方法ではある。そのために、流体力学にもとづいて、乗り物の外形をなめらかに整える。一般に「流線形」と呼ばれるものは、その結果もたらされた形状だったはずである。

ところが次第に、先進性や優美さを訴えるために、流体力学とは関係のないところであっても、「流線形」であることが重要になってきた。原克《はらかつみ》は、本来の目的（乗り物の高速化、高効率化）から離れたメッセージを発するための表象（イメージ）として力を持つようになったと指摘している。（『流線形の考古学』）

一九三〇年代の「流線形」ブームは、インダストリアル・デザインの歴史を扱った本でしばしば指摘されるところである。流線形は、激しさを増す市場競争のなかで、モダニティ（近代性）を訴えるのに格好な形であった。そのため、機能とはおよそ関係のない「流線形」の工業製品が多数生み出された。先ほども触れたジョン・ヘスケットは、例として一九三六年の、ホッチキス社の流線形ステープラーを取りあげて、「機械としての機能にはほとんど注意を払っていないマンネリズムの産物であり、スタイリングだけを考えて作られた製品だった」「流線形はスピードと近代性の力強い象徴であり、その物としての機能は表現しなくてもその物の効率を弱めることはなかったので別段問題はなかった」と書いている。

高速化、高効率化と無縁な「流線形」は、速度が重視されるはずの交通機関にも現れた。たとえば日本では、流線形ボディーを架装したバスやタクシーが、雨が降ればぬかるみ晴れれば砂ぼこりが舞う未舗装の道路をのろのろと走った。しかし日本の場合、ケッサクは鉄道省の「流線形」蒸気機関車であろう。

一九三四（昭和九）年、東海道本線で特急・急行の牽引にあたっていたC53形蒸気機関車のうち一両を流線形に改造した。流体力学を反映させた設計ではもちろんなくて、そのくせ足回りのカバーは保守点検の際に不便という代物であった。にもかかわらず鉄道省は性懲りもなく、一九三六（昭和一一）年に新造のC55形蒸気機関車二一両をわざわざ流線形で竣工させ、日本各地の幹線・亜幹線で急行列車の牽引に用いている。煙が車両にまとわりつかないよう整流効果をめざしたともいわれるこれらの機関車だが、綿密な計算から導き出された形ではなく、「流線形」蒸気機関車の登場によって鉄道省の列車がその所要時間を短縮できたわけでもない。外形を整えるために鋼材を使うだけ、普通の形の機関車より重くなりかえって不都合なのではとも思うが、要は速そうに見えることが大事だったのであり、言い換えれば、そこにあろうはずもない先進性をアピールするための「流線形」だった。

つまり鉄道省の蒸気機関車における「流線形」は、技術的には退嬰的な製品でありながら、新しさをアピールするためのパッケージを装ってみせるという点において「機能」したのである。それは蒸気機関車としての本来の機能とは、まことに無縁の「流線形」であった。

もちろん飛行機の「流線形」を蒸気機関車のそれとまったく同一視するわけにいかない。時速一〇〇キロメートルを超えれば空気の粘りは馬鹿にはならず、どのように整えて後方に流してやるかという問題が不可避のものとなる。しかしそれでも、そのアウトラインの決定がすべて自然との調和においてなされるわけではなく、技術者の思想や感性が強く反映される。むしろ性能面（たとえば速度）において先鋭的であるほど、そのパッケージは先鋭的な思想なり感性なりに影響されるだろう。

†拡大・浸食する「流線形」

一九三〇年代に流行した「流線形」によってモノの形を整えようとする潮流は、いま見てきたように、かならずしも用や機能にもとづいてモノの形が決定されるわけでないことを端的に示している。

企業アイデンティティとしての流線形についても言及しておこう。ここでふたたび日本の蒸気機関車を例にして申しわけないが、一九三四（昭和九）年に運転を開始した南満州鉄道の特急「あじあ」にこの例を見ることができる。アメリカを除けば鉄道ではまだ珍しかった空調を設備し、専用客車は最後尾の展望部にいたるまで流線形。機関車も専用の「パシナ」形が製造され、この機関車をヘスケットは「ディテールの処理が申し分なかった。滑らかですっきりとしたサーフェイスと、頻繁にメンテナンスを要するメカ部分に手が届くこと、この二点を同時に実現したものだった」と評価している。なお「パシナ」の最終製造機は川西航空機によっておこなわれた風洞実験を反映させたデザインに改められたが、いずれにしても、その姿も性能も、内地の鉄道省で使用された「流線形」の上をいくものではあった。

機関車も含めて、「あじあ」は南満州鉄道の看板列車として企図、運用された。「あじあ」はそれ自体が走る企業イメージであり、一種の広告であった。しかしそれは同時に、南満州鉄道という一植民地会社のみならず、同時に大日本帝国の大陸進出——日本が打ちたてた傀儡国家満洲国の「建設」を正当化しアピールするものでもあった。

国定第四期の国語教科書『小学国語読本　尋常科用』巻十には、「「あじあ」に乗りて」と題する文章教材が掲載されている。そこには平易な文体で、日露戦争の戦跡、沿線の産業、首都新京の国務院や関東軍司令部、車内での軍人やロシア人少女との交歓など、「王道楽土」や「五族協和」といった人口に膾炙したスローガンを思わせる内容が盛り込まれており、そこからは、「あじあ」がまさに、帝国主義的な意味での大陸経営を体現した列車であったことがうかがえる。侵略政策を前へ前へと推し進める、そのスピードアップにも「流線形」は役に立ったのである。

このような、「流線形」と政治との結びつきは、日本に限らなかった。ナチス・ドイツでは「血と土」のイデオロギーと結びつき、他国の科学、技術や「流線形」に対する優位性が宣伝された。アメリカでは、パンアメリカン航空が太平洋横断路線に投入した大型飛行艇が、「空の帝国」にふさわしい威容を誇った。水上飛行機のレース「シュナイダー杯」では、イギリスと、およびムッソリーニ率いるファシズムのイタリアが、国の威信をかけて流麗な水上機を開発し、激しい競争を繰り広げた。

流体力学にもとづくなめらかな姿かたちとしての意味を越え、「流線形」は、イデオロギーや政治的宣伝と結びついたのである。そして軍用機は、植民地鉄道の列車よりも直截的な力を象徴する。B－29の「流線形」は、まさに力そのものであった。

†「流線形」と優生思想

原克によれば、一九三〇年代の後半から四〇年代にかけてのアメリカでは、補整下着とそれに使用されるファスナーも、「流線形」イメージと無縁ではなかった。というより、「ムダな因子」の排除による「流線形」ボディの獲得というストーリーをもった広告がかなり作られたらしい。そのような動きは補整下着にとどまらず、理想な体型とその数値化、そしてさらには、いわゆる美人コンテストにおけるイメージとしての計測器具（もちろん演出用のはりぼてではあるが）へとヒートアップしていった。

そのようにして理想化された体型に鼻の下を伸ばす男たちがいた一方で、そこに人間的な優劣を見てとろうとした優生学者が存在した。

イギリスで発達しアメリカに渡った優生学では、貧困にかかわる社会の問題は、個々人の遺伝的特質の表れとしてとらえられた。また、いわゆる人種の見た目の特徴からは、人間としての優劣を判断しうるとも考えられた。さらにアメリカでは、建国の経緯などから、アングロ・サクソンかつピューリタンの人種的優秀性を信じる人も多かった（なお現在では、人種というものは社会的に構築された概念であって、生物学的には実体を有しないことがわかっている）。そのような状況にあっては、外的な「美」に、生得的なすぐれた内面を見てとろうとする姿勢を持つ者も現れたであろう。

内面の美しさは外面に現れる、という考え方は、一方では内実を磨こうという人たちの努力目標にもなり得てきたが、他方で、先天性の内実が外面に現れると考えた者にとっては、それはたちどころに人間としての（あるいは特定の「人種」としての）優劣を示すものになった。

ここでもう一度「機能美」という言葉に立ち戻れば、外形をそのまま、すぐれた内実の表れとして見るという点でかつての優生学的な観察眼に近い。しかもそれは、第二次世界大戦前から広告の表象として、たとえば鳥やイルカなどの動物を「流線形」の喩えとして用いた宣伝物に見ることができるものである。というのもそこには、動物の体型について、あたかもそれが獲得されるべくして獲得された「流線形」であるかのように、生物の進化を恣意的に読み替える姿勢が見えるのであるから。

原克は、次のように指摘している。

基本的に、流線形のかたち自身、自然界の生存競争を勝ちぬいた「進化論的にすぐれたかたち」という言説の枠組みに囚われていたことは間違いない。（中略）それは「自然に代わって」、人間が自然の法則を加速させることであり、人為的な処置をほどこして進化をすすめることであった。つまり、それ自体すぐれて進化論の根本にそった、優生学的営為だったのである。（『流線形の考古学』）

美しい形は機能を体現しているという言説は、はなはだ危ういのである。

†爆弾を落す「美人」像

流線形ボディの「美人」が、流線形ボディを誇る軍用機に、アメリカ軍ではさかんに描かれた。機首に描かれたところからノーズアートともいわれるそれは、コミカルなものや寓意的なものも見られたが、多く目を引くのは雑誌に載った、ピンナップガールの模写である（図14-1）。

陸軍に召集され、大戦末期にフィリピンのミンドロ島でアメリカ軍の捕虜となった大岡昇平は戦後、その体験を小説にした。その中に、ピンナップガールをめぐるエピソードがある。「収容所で我々の眼に触れる女の顔は、米国の雑誌類に載った写真に限られていた」というその写真を、捕虜となった日本兵もまた、アメリカ兵がするのと同じように枕頭に飾っていたのである。ところがある日、将校の巡視がおこなわれて、それらをすべて取り外すよう命令された。

負けた国の男は勝った国の女まで鑑賞する権利はないのかと、我々は憤慨したものだが、これはどうやら我々の僻みであったらしい。中隊付のサージャントに訊いてみると、米兵でも将官の巡視の時ははずさねばならぬそうである。そこで我々も巡視がすむと、また貼り出す許可をきわどく獲得した。

アメリカの美人たちはいずれも人に見せる顔をしていた。(「演芸大会」)

図14-1　B-29(第498爆撃団第874飛行隊所属Fay号)のノーズアート
https://commons.wikimedia.org/wiki/File:Boeing_B-29_Superfortress_USAF.JPG

もちろんこれは小説であるからそこは注意しなければならないが、ピンナップガールをめぐって、そこに「僻み」が生まれるほどの、「負けた国」と「勝った国」の対照があったわけである。

ピンナップガールは、写真もあれば、腕利きのイラストレーターによって描かれた絵もあった。そこでは「見せる」ために、主として白人男性にとっての理想化が図られていた。大岡が書いたように「人に見せる顔」が「勝った国」すなわちアメリカの男を対象に作られていたわけである。それにしてもアメリカ本国の制作者は、まさか捕虜となった日本兵が枕もとに飾るとは思いもしなかっただろう。

ところでピンナップガールの、そこにある類型的な表情と体型の描写からは、白人の人種的な優位性（があると信じられていた）の感覚がうかがえる。もちろん編集者や、飛行機に模写をした飛行士が優生学を奉じていたということでは、ない。そうではなくて、モデルの理想化が同じ時代の他方で何に通じていたかという点において、アメリカにおける優生学に通底するものがあったという話である。

ところで無差別爆撃における関係性は、爆撃機とターゲットとされた住民との関係の上で、ほぼ常に優位にあるのは爆撃機のほうである。この場合、攻撃する側が防御放火や防空戦闘機によって損害を被ったとしても、住民に対して劣位に立つことはまずない。ピンナップガール、すなわち理想化された白人女性像を機種に描いた「流線形」の爆撃機が、敵国の民間人の頭上に襲いかかる。対日空襲に限っていえば、その優と劣の関係に、まさしく大岡昇平が書いたところの「勝った国」「負けた国」が重なる。圧倒的な力の差であり、そしてそこには、爆弾を落とす側の植民地主義やレイシズムに通じる問題も見え隠れする。

ここで断りを一つ入れておくが、日本軍は飛行機にピンナップガールを描く習慣を持たなかったとはいえ、そこに問題がなかったわけではまったくない。中国各地に対する無差別爆撃をおこなった日本とて優生学と無縁ではなかったし、また中国人に対する根強い差別があった。ここで言いたいのは、ノーズアートもまた有していた攻撃性についてである。軍用機に描かれた「美人」ひとつにも、その背後にはいくつかの問題が抜き難く存在するという事実である。女性を理想化しようとする暴力性もまた、飛行機という翼を得て爆弾を人びとの頭上に落としていたのである。

†そして、B-29は美しかったのか

おそらくB-29は、多くの人がそう書いたように、間違いなく美しかったに違いない。そのジュラルミンのきらめきのみならず、その機体によりまき散らかされた劫火についてさえ、美の情動を突き動かされた人がいた。

その美しいはずの飛行機は、その圧倒的なまでの力で、大規模な都市火災についての記憶を上書きし、戦前にあった関東大震災に依拠した空襲イメージをすっかり塗り変えてしまった。

戦略爆撃思想を体現したその美しい機体は、戦間期から第二次世界大戦の後期にいたるまでアメリカ軍が指向していた精密爆撃のみならず、地域爆撃へ、そして無差別爆撃に使用され、多くの命を奪った。その使用法は、軍事力のみならずあらゆるものに恐怖の火を放つという意

味において、第一次世界大戦の際にイギリスのトレンチャードが考えついた戦略爆撃の有り様そのものだった。

力関係の表れとしての爆撃機の美しさについて、ここでふたたび野坂昭如を持ち出したい。彼は次のような一文を書いている。

B二九を、憎むべき敵として意識しにくかった理由の中に、たとえばその姿を、あっさり美しいものとしてながめてしまうような、後進国としての、劣等感があったと思う、もしあの空襲が、アメリカによってではなく、中国、朝鮮のもたらしたものであれば、同じ飛行機であっても、美しいとは見なかったろう、そして焼跡を前にした時の気持もちがったはずである。(「空襲は天変地異か」『週刊読売』一九七五年三月一五日号)

美しさを感じるその後景には、圧倒的な力を前にした敗北があり、そしてそれはおそらく、中国や朝鮮に対する優越感のまったく裏返しでもあった。野坂が指摘する「後進国としての、劣等感」は、日中戦争の時期における無差別空襲を無邪気に称揚する感覚の、まるっきり裏返しの感情ともいえるだろう。

B－29は、たとえば一九世紀の工業製品に見られたような、装飾のためのような装飾は有していない。機能主義的なモダニズムの美意識をB－29に見て取ることは確かに可能であろう。しかし飛ぶというだけに関していえば無駄なはずの爆弾倉や機関砲を爆撃機として欠かせぬ機能として見た場合、それを単に機能美として称揚することには、政治的にも倫理的にも、筆者はためらいを覚えずにはいられない。

B－29が見せた「美しさ」は、美しいものがたまたま凶器になったというような単純なことではなく、流体力学的に洗練され美的にも機能面においても優れた造形物が、政治的に、また軍事的にも圧倒的な力関係を背景として、破壊や殺傷といった倫理上の理想とはまったく正反対の目的で量産され使用されたという、恐ろしい現実なのである。そして空飛ぶ凶器は、そのB－29が姿を消した後も、科学や技術の進歩によってより力を増し、今も空を飛び交い、人びとの頭上に死の恐怖をまき散らし続けているのである。人びとを照準器にとらえようとする美しき物体は今も飛び続けている。かつて私たち日本人が実行し、その後受けた空襲の日々は、世界ではまだ終わっていないのである。

あとがき

飛行機というものは、乗物の中でも、随分ときな臭い歴史を背負ってきたものである。自動車や鉄道と比べても、その歴史において、軍用として作られたものが随分と大きな割合を占めている。この問題は、空を自由に飛び回りたいというロマンと現実が相反していると見るべきなのか。それとも、そのようなロマンチシズムを抱くこと自体が、知性よりも感傷や情緒を重んじるがために、ひいては現実に抗し得ないという点に問題があるのか。

飛行機という乗物に興味を持ちだして数十年。個々の機体の性能とかバリエーションを知って喜んだり、また模型を作ったりしてきた半生だった。模型では、実際に飛ぶものを作って公園で飛ばしたこともあるが、多くは作って飾って見て楽しむためのプラモデル。そしてプラモデルといえば、売っているものの大半は軍用機。ただ私の場合、喜んで作りはするけれど（プロペラのある方が好きです）、そのまま軍用機の存在を首肯する方向にはなぜか行かず、飛行機の、社会や歴史の中における問題について考えるようになった。空を飛ぶことのロマンよりもそちらに関心が移っていったというのは、自分でこう申すのもおかしいのだが、飛行機ファンの中では、ちょっぴり珍しい存在なのではないかと思う。

そんな私に、B-29について書きなさいと、テーマが与えられた。

正直に言って、最初のうちは、これは楽に書けるのではないかと思っていた。しかし、考えるとやってみるとでは大違い。簡単どころか、いざ書き始めて見ると、日本本土空襲の記録や戦災体験にどうしても片寄ってしまう。もちろんそれはとても大切なことで決して蔑ろにはできない。しかし私に与えられたテーマは、「戦災」ではなく「B-29」なのである。

とはいうものの、飛行機そのものについては、すでにいくつか書かれている。単に性能や参加した作戦の詳細について書いたところで、何ら新味はないだろう。

そこで、B-29を単に飛行機としてではなく、それによってもたらされた体験を表すものととらえたうえで書くことにした。B-29という飛行機が、今の日本の社会でどのような意味合いを持つのか。そんなことを考えながら書いたのが本書である。

至らぬところだらけの筆者を、ここまで辛抱強く導いてくださった筑摩書房の藤岡美玲さんには、何とお礼を申し上げたらよいのやら。

それにしても。国による民間人空襲被害者への補償は依然として動かず、一体なにをもたもたしているのかと思う。あらゆる民間人戦争被害者の救済を一刻も早くと、そのことを願うばかりである。

若林　宣

参考文献

『世界の傑作機52　ボーイングB-29』文林堂、一九九五年
『東京の消防百年の歩み』東京消防庁職員互助組合、一九八〇年
「B29を如何にしてやっつけるか」『大日本教育』一九四五年一月号、大日本教育会
「東京市火災動態地図」『震災予防調査会報告　第百号（戊）』震災予防調査会、一九二五年
Alan C. Wood, Alan Sutton, Military Aviation of the First World War, Gloucestershire, Fonthill Media, 2016
荒井信一『空爆の歴史――終わらない大量虐殺』岩波新書、二〇〇八年
粟屋憲太郎 編『近現代日本の戦争と平和』現代史料出版、二〇一一年
粟屋憲太郎・中園裕『敗戦前後の社会情勢　第六巻　進駐軍の動向』現代史料出版、一九九九年
H. R. バーン、藤本文昭訳『63年目の攻撃目標――元B29搭乗員飛行記録』創風社出版、二〇〇八年
伊藤整『太平洋戦争日記　三』新潮社、一九八三年
石川光陽、森田写真事務所 篇『グラフィック・レポート　東京大空襲の全記録』岩波書店、一九九二年
上野陽一『新能率生活』光文社、一九四五年
内田百閒『東京焼盡』中公文庫、改版二〇〇四年
海野十三『爆撃下の帝都』博文館、一九三二年
海野十三「寺田先生と僕」『科学ペン』一九三七年一二月号、科学ペン社
海野十三「空襲警報」『少年倶楽部』一九三六年六月号付録、大日本雄弁講談社、一九三六年
海野十三『東京要塞』ラヂオ科学社、一九三八年

海野十三『東京空爆』ラヂオ科学社、一九三八年
梅本弘『第二次大戦の隼のエース』オスプレイ軍用機シリーズ56、大日本絵画、二〇一〇年
越前谷宏「野坂昭如「火垂るの墓」と高畑勲『火垂るの墓』」『日本文学』五四巻四号、日本文学協会、二〇〇五年
NHKスペシャル取材班『NHKスペシャル戦争の真実シリーズ① 本土空襲全記録』KADOKAWA、二〇一八年
大岡昇平『俘虜記』新潮文庫、一九六七年
大江志乃夫『徴兵制』岩波新書、一九八一年
大阪毎日新聞社 編『ニッポン世界一周大飛行』大阪毎日新聞社・東京日日新聞社、一九四〇年
大島辰次著、大島信雄 編『「戦争と平和」市民の記憶⑦ 東京罹災日記――東京大空襲から一年を生き延びて』日本図書センター、一九九二年
大島正徳『我が国民性の反省』宝文館、一九四五年
大島正徳『落想録』宝文館、一九四六年
大谷敬二郎『昭和憲兵史』みすず書房、一九六六年
緒方惟一郎「関東大地震ニ因レル東京大火災」『震災予防調査会報告 第百号（戊）別綴』震災予防調査会、一九二五年
大佛次郎『大佛次郎 敗戦日記』草思社、一九九五年
海軍省海軍軍事普及部 編『輝く忠誠――支那事変報国美談 第一〇輯』海軍協会、一九四一年
笠原十九司『南京事件』岩波新書、一九九七年
柏木博『近代日本の産業デザイン思想』晶文社、一九七九年

桂元二『魂の操縦』日本軍用図書、一九四三年
茅原廉太郎『日本人民の誕生』岩波書店、一九四六年
河原功 編『資料集 終戦直後の台湾 第一巻』不二出版、二〇一五年
北博昭『軍律法廷――戦時下の知られざる「裁判」』朝日選書、一九九七年
北九州市史編さん委員会 編『北九州市史 近代・現代 行政社会』北九州市、一九八七年
木村秀政「B29の設計の検討」『航空朝日』一九四五年三月号、朝日新聞社
倉田喜弘『日本レコード文化史』岩波現代文庫、二〇〇六年
小西武夫『進軍の旗風』元文社、一九三七年
小山仁示『新装版 米軍資料 日本空襲の全容――マリアナ基地B29部隊』東方出版、二〇一八年
近藤満俊「空の話題 亜成層圏飛行で来襲するB-29」『中学生』一九四五年一月号、研究社
今和次郎『新版大東京案内』中央公論社、一九二九年
坂本勇「私はB29に体当たりを敢行した」『りべらる』一九五二年五月号、太虚堂書房
澤地久枝『滄海よ眠れ――ミッドウェー海戦の生と死 二』文春文庫、一九八七年
産業能率短期大学 編『上野陽一伝』産業能率短期大学出版部、一九六七年
清水節治『戦災孤児の神話――野坂昭如+戦後の作家たち』教育出版センター、一九九五年
ジョン・ヘスケット、榮久庵祥二・GK研究所訳『インダストリアル・デザインの歴史』晶文社、一九八五年
鈴木真二『飛行機物語――羽ばたき機からジェット旅客機まで』中公新書、二〇〇三年
スタジオジブリ責任編集『スタジオジブリ作品関連資料集Ⅱ』徳間書店、一九九六年
世界防空事情研究会 編『空襲の惨禍を護る防空法とは』世界防空事情研究会、一九三七年

戦略研究学会、源田孝 編著『戦略論大系⑪ ミッチェル』芙蓉書房出版、二〇〇六年
田岡良一『空襲と国際法』巌松堂書店、一九三七年
高木晃治、ヘンリー・サカイダ『B-29対日本陸軍戦闘機』オスプレイ軍用機シリーズ47、大日本絵画、二〇〇四年
高見順『高見順日記 第三巻』勁草書房、一九六四年
高見順『高見順日記 第四巻』勁草書房、一九六四年
田辺平学『明日の都市』相模書房、一九四七年
谷崎潤一郎「疎開日記」『月と狂言師』中央公論社、一九五〇年
チェスター・マーシャル、高木晃治訳『B-29日本爆撃30回の実録』ネコ・パブリッシング、二〇〇一年
土屋敦『「戦争孤児」を生きる――ライフストーリー/沈黙/語りの歴史社会学』青弓社、二〇二一年
デイヴィッド・ニーブン、手島尚・小秋元龍訳『ライフ 大空への挑戦 空の軍事力をきずく』タイムライフブックス、一九八一年
寺田寅彦「大正十二年九月一日二日ノ旋風ニ就テ」『震災予防調査会報告 第百号(戊)』震災予防調査会、一九二五年
東京第一師範学校男子部附属小学校 編『単元による高学年理科の実際』技報堂、一九四八年
徳川夢声『夢声戦争日記 第三巻』中央公論社、一九六〇年
徳川夢声『夢声戦争日記 第四巻』中央公論社、一九六〇年
徳永淳「野坂昭如「火垂るの墓」再評価――作品末尾の改変をめぐって――」『日本語日本文学』第三〇号、二〇二〇年、創価大学日本語日本文学会
中正夫『宇宙の秘宝』中矢書房、一九四八年

永井荷風『永井荷風日記　第六巻』東都書房、一九五九年
永井荷風『永井荷風日記　第七巻』東都書房、一九五九年
長見正三「これがB29だ」『少年倶楽部』一九四五年二月号、大日本雄弁講談社
野坂昭如『アドリブ自叙伝』筑摩書房、一九八〇年
野坂昭如『アメリカひじき・火垂るの墓』新潮文庫、二〇〇三年
野坂昭如「空襲は天変地異ではない」『週刊読売』一九七五年三月一五日号、読売新聞社
野坂昭如『赫奕たる逆光』文春文庫、一九九一年
橋本欣五郎『翼壮は憤激挺身する　翼賛壮年叢書　第48輯』大日本翼賛壮年団中央本部、一九四四年
橋本哲男 編『海野十三敗戦日記』講談社、一九七一年
八代目林家正蔵『八代目正蔵戦中日記』青蛙房、二〇一四年
原克『流線形の考古学――速度・身体・会社・国家』講談社学術文庫、二〇一七年
原田良次『日本大空襲――本土制空基地隊員の日記』ちくま学芸文庫、二〇一九年
日笠俊男『B‐29墜落――甲浦村1945年6月29日』吉備人出版、二〇〇〇年
平塚柾緒『新装版　米軍が記録した日本空襲』草思社、二〇二〇年
福井久蔵『日本新詩史』立川書店、一九二四年
古川緑波『古川ロッパ昭和日記　戦中篇』晶文社、一九八七年
防衛庁防衛研修所戦史室『戦史叢書　本土防空作戦』朝雲新聞社、一九六八年
防衛庁防衛研修所戦史室『戦史叢書　中国方面海軍作戦〈2〉昭和十三年四月以降』朝雲新聞社、一九七五年
星山一男『新聞航空史』私家版、一九六四年

前田哲男『戦略爆撃の思想――ゲルニカ－重慶－広島への軌跡』朝日新聞社、一九八八年
前田林外『詩集 重慶の大空襲』若桜会、一九四〇年
前田林外『夏花少女』純文社、一九〇五年
益井康一『本土空襲を阻止せよ！――従軍記者が見た知られざるB29撃滅戦』光人社、二〇〇七年
水野広徳『海と空』海洋社、一九三〇年
毛利眞人『ニッポン エロ・グロ・ナンセンス――昭和モダン歌謡の光と影』講談社選書メチエ、二〇一六年
山田朗「日本の敗戦と大本営命令」『駿台史學』第九四号、一九九五年
山田風太郎『新装版 戦中派不戦日記』講談社文庫、二〇〇二年
山中恒『暮しの中の太平洋戦争』岩波新書、一九八九年
横浜弁護士会BC級戦犯横浜裁判調査研究特別委員会『法廷の星条旗――BC級戦犯横浜裁判の記録』日本評論社、二〇〇四年
横山隆一「フクチャンの震天制空隊基地訪問」『週刊少国民』一九四五年二月一一日号、朝日新聞社
吉沢久子『あの頃のこと――吉沢久子、27歳。戦時下の日記』清流出版、二〇一二年
吉田純 編・ミリタリーカルチャー研究会『ミリタリー・カルチャー研究――データで読む現代日本の戦争観』青弓社、二〇二〇年
吉田裕『日本人の戦争観――戦後史のなかの変容』岩波現代文庫、二〇〇五年
吉見俊哉『クリティーク社会学 空爆論――メディアと戦争』岩波書店、二〇二二年
渡辺洋二『死闘の本土上空――B－29対日本空軍』文春文庫、二〇〇一年
渡辺洋二『陸鷲戦闘機』光人社NF文庫、二〇一九年

和辻春樹『国防と海運』文部省教学局、一九四三年
和辻春樹『夢幻泡影』大京社、一九四八年
「13空機密第18号の33　第13航空隊第14航空隊連合中攻隊戦闘詳報　其の2（第1回重慶攻撃）昭和14年5月3日／1．計画」JACAR（アジア歴史資料センター）Ref.C14120366300、第13航空隊戦斗詳報（玉山衢州攻撃　等）昭和13．12～14．5（防衛省防衛研究所）
「第8章　空中戦／5．2月22日蘇州上空の戦闘」JACAR（アジア歴史資料センター）Ref.C14120185600、公刊昭和6．7年支那事変史下（公刊昭和6．7年事変海軍戦史原稿）（防衛省防衛研究所）
「戦訓特報第二十六号　北九州に於ける防空戦闘隊の夜間邀撃戦闘に関する教訓　昭和十九年七月七日」JACAR（アジア歴史資料センター）Ref.C19010113700、戦訓特報綴其の三（第二十五～三十五号）昭和十九（防衛省防衛研究所）

ちくま新書
1730

B-29の昭和史《しょうわし》
——爆撃機《ばくげきき》と空襲《くうしゅう》をめぐる日本《にほん》の近現代《きんげんだい》

二〇二三年六月一〇日　第一刷発行

著者　若林 宣（わかばやし・とおる）

発行者　喜入冬子

発行所　株式会社 筑摩書房
東京都台東区蔵前二-五-三　郵便番号一一一-八七五五
電話番号〇三-五六八七-二六〇一（代表）

装幀者　間村俊一

印刷・製本　株式会社 精興社

乱丁・落丁本の場合は、送料小社負担でお取り替えいたします。

ISBN978-4-480-07560-4 C0221

ちくま新書

1341
昭和史講義【軍人篇】
筒井清忠編
戦争の責任は誰にあるのか。東条英機、石原莞爾、山本五十六ら、戦争を指導した帝国陸海軍の軍人たちの実像を最新研究をもとに描きなおし、その功罪を検証する。

1421
昭和史講義【戦前文化人篇】
筒井清忠編
柳田、大拙、和辻ら近代日本の代表的知性から谷崎、乱歩、保田與重郎ら文人まで、文化人たちは昭和戦前期をいかに生きたか。最新の知見でその人物像を描き出す。

1365
東京裁判「神話」の解体
――パル、レーリンク、ウェブ三判事の相克
D・コーエン
戸谷由麻
東京裁判は「勝者の裁き」であり、欺瞞に満ちた判決だったというのは神話に過ぎない。パル判事らの反対意見の誤謬と、判決の正当性を七十年の時を超えて検証する。

1499
避けられた戦争
――一九二〇年代・日本の選択
油井大三郎
なぜ日本は国際協調を捨てて戦争へと向かったのか。国際関係史の知見から、一九二〇年代の日本に本当は存在していた「戦争を避ける道」の可能性を掘り起こす。

1347
太平洋戦争　日本語諜報戦
――言語官の活躍と試練
武田珂代子
太平洋戦争で活躍した連合国軍の言語官。収容所から集められた日系二世の葛藤、養成の違いに見る米英豪加の各国軍事情……。語学兵の実像と諜報戦の舞台裏。

1398
感情天皇論
大塚英志
被災地で、戦場跡で、頭を垂れ祈る――。明仁天皇の「象徴としての行為」を、国民のため心をすり減らす「感情労働」と捉え、その誕生から安楽死までを読みとく。

1411
航空のゆくえ
――自由化の先にあるもの
柴田伊冊
自由化と規制のせめぎ合いで展開されてきた人類史。航空界も技術主導の世界ながら、いまや自由化が常識となった。航空史に、現代世界の自由化への趨勢を見る。